重庆市职业教育学会规划教材 / 职业教育传媒艺术类专业新形态教材

全媒体内容制作与运营

QUANMEITI NEIRONG ZHIZUO YU YUNYING

主　编　刘宇凌　刘亨巧

副主编　陈小欣　朱　琳　黄　楷　谭真谛

参　编　柯淑敏　康　宇　周仟华　陈　凤
　　　　李　慧　洪瑜雯　郑佳佳　林湛博

重庆大学出版社

图书在版编目(CIP)数据

全媒体内容制作与运营 / 刘宇凌,刘亨巧主编 . --
重庆 : 重庆大学出版社,2024.6
职业教育传媒艺术类专业新形态教材
ISBN 978-7-5689-4489-2

Ⅰ.①全… Ⅱ.①刘… ②刘… Ⅲ.①传播媒介—制
作—职业教育—教材②传播媒介—运营—职业教育—教材
Ⅳ.①G206.2

中国国家版本馆 CIP 数据核字(2024)第 106553 号

全媒体内容制作与运营
QUANMEITI NEIRONG ZHIZUO YU YUNYING

主　编　刘宇凌　刘亨巧
副主编　陈小欣　朱　琳　黄　楷　谭真谛
参　编　柯淑敏　康　宇　周仟华　陈　凤
　　　　李　慧　洪瑜雯　郑佳佳　林湛博
策划编辑:席远航　蹇　佳
责任编辑:李桂英　　版式设计:席远航
责任校对:谢　芳　责任印制:赵　晟

*

重庆大学出版社出版发行
出版人:陈晓阳
社址:重庆市沙坪坝区大学城西路 21 号
邮编:401331
电话:(023)88617190　88617185(中小学)
传真:(023)88617186　88617166
网址:http://www.cqup.com.cn
邮箱:fxk@cqup.com.cn(营销中心)
全国新华书店经销
重庆升光电力印务有限公司印刷

*

开本:787mm×1092mm　1/16　印张:10.75　字数:.207 千
2024 年 6 月第 1 版　2024 年 6 月第 1 次印刷
ISBN 978-7-5689-4489-2　定价:48.00 元

编委会

刘晓东：全国广电与网络视听职业教育教学指导委员会委员 教授
　　　　重庆市职业教育学会传媒艺术专业委员会理事长

杨德刚：重庆市计算机学会常务理事 博士 教授
　　　　重庆市人工智能学会常务理事

周绍兵：重庆广播电视集团（总台）制片人 一级导演
　　　　重庆电视艺术家协会理事

牛雪松：广电部全媒体运营师国家职业技能标准编委会委员
　　　　中鸿网略（北京）有限公司董事长

陶　亮：广电部全媒体运营师国家职业技能标准编委会委员

敖芝强：贵州省大数据人才发展促进会秘书长

罗　坚：教育部职业院校艺术设计类专业教学指导委员会
　　　　数字设计专委会委员

李承梅：重庆市时代教育职业培训学校校长

李　飞：网易有道信息技术（北京）有限公司总监

冉正鸿：央博央视网文旅内容总监
　　　　重庆三影文化传播有限公司总经理

熊　博：重庆科沛科技有限公司总经理

顾 问

李　进：SIYB（创办你的企业和改善你的企业）中国项目创始人 博士 教授

龚铂洋：中国电子商务协会网络营销委员会专家 博士
　　　　深圳钛铂新媒体营销股份有限公司创始人 CEO

序 言
PREFACE

在当下数智时代,信息如潮水般汹涌而来,媒介融合趋势显著,传统媒体与新媒体的界限正悄然消失。我们正在见证一个前所未有的信息传播革命。从传统媒体到新媒体,再到如今的全媒体,信息传播的方式和手段发生了翻天覆地的变化。这种变革不仅仅是技术上的进步,更是人类交流方式和文化传播形态的巨大转型。在数字化、大数据、云计算、AI(人工智能)、移动互联网大背景下,全媒体正以前所未有的力量推动着社会的进步、文化的繁荣以及商业的深刻变革。

全媒体时代的到来,让我们每个人都成为信息的生产者和传播者。智能手机的普及、社交媒体平台的兴起,以及互联网技术的迅猛发展,使信息的传播速度和广度达到了前所未有的高度。信息的多样性和丰富性,为我们提供了更多元化的视角和更加全面的认知。然而,这也对信息内容的质量和制作水准提出了更高的要求。

本书正是立足于这一时代背景,紧密结合行业内知名企业和新兴自媒体的优秀案例,从图文内容、视频内容到全景图片和视频内容的制作,全方位地介绍了内容策划创作与运营的关键节点。教材不仅涵盖了传统媒体的制作方法,还融入了新媒体、自媒体的创新理念,使读者能够全面了解和掌握全媒体时代的内容制作技巧和运营逻辑。

我们生活在一个"万物皆媒"的世界里,文字、图片、音频、视频乃至虚拟现实、增强现实等多元呈现形式,共同编织着信息的经纬。在这个全媒体时代,每个人都是主角,每个有温度的故事都值得被看见。随着技术的不断进步和媒介生态的持续演变,对全媒体的从业者的自身要求会更加全能且多元。他们不仅是信息的传递者，更是价值的创造者、文化的传播者、商业的推动者。

让我们共同迎接全媒体时代的挑战与机遇，通过不断学习和创新，创造出更加精彩和丰富的内容，为信息传播事业的发展贡献自己的智慧和力量！

李　进　博　士

前 言
FOREWORD

　　本书立足于全媒体传播环境下，结合行业内知名企业和新兴自媒体优秀案例，针对图文内容、视频内容的策划创作与运营，以及全景图片和视频内容的制作进行编写。同时，融入新职业自媒体运营师、全媒体运营师、1+X自媒体运营职业技能等级证书等相关培训标准、全媒体运营师职业技能大赛、全国职业院校技能大赛短视频创作与运营、融媒体内容策划与制作等赛项内容，使教材编写内容达到课证赛融合。

　　本书适用于中高本职业教育传媒类相关专业教材用书，也可以作为网络技术、计算机应用技术、市场营销等相关专业的选修课程教材，对新媒体策划创作感兴趣的传媒从业者也可以作为参考用书。本书立足于内容创作，结合全媒体传播特点，以案例的方式对内容的策划、创意、制作进行全方位解构，梳理出全流程创作中的重要节点，配合教材辅助音视频资料给读者更全面深入的学习体验，更加方便教师课堂教学和学生自主学习使用。教师用书可以获得典型案例的音视频资料以及在线课程学习权限，更加方便老师的课堂教学使用。

　　希望本书能够为全媒体内容制作与运营领域的学习者和从业者提供有价值的参考，为媒体事业的发展贡献一份力量。感谢李进博士和龚铂洋博士两位资深顾问专家，为教材的编写提供了宝贵的意见和坚实的支持！

目　录
CONTENTS

模块一 | 认识全媒体

模块导视

不同于传统媒体,新媒体因其传播特征更符合网络化信息传播需求而受到大众的广泛认可,但传统媒体仍具有不可替代的特殊价值。部分官方传统媒体在大众心目中具备较高的公信力和认可度,长期以来的良好传播形象,可以有效抑制网络媒体传播虚假、无效、不良信息,保证正确引导社会舆论。传统媒体和新媒体两者能实现优势互补、相互包容、相互推进,无论是传统媒体还是新媒体,都将向多元化、多渠道、多平台、多媒体、跨媒体方向发展,这种传统媒体和新媒体的融合趋势越来越成为主导。

传播渠道变得愈加丰富多元,各个媒介之间的界限,甚至是信息传播者与接受者之间 的身份界限均得以消解,进而改变了 21 世纪的舆论生态、媒体格局和传播方式,大众可以利用多个设备与平台,整合多个媒体的优势来获取信息与服务,实现信息传授双方全面而良性的互动。此种媒介融合大趋势,促使我们急需一个更广泛、更具包容性,同时具有当下性的新概念来描述媒体领域的变革与发展,我们正经历"全媒体"时代所带来的媒体融合变革。

学有所获

通过本章学习,从"四全媒体理念"出发,学生能深刻理解全媒体的发展历程、概念,以便能更深入地了解全媒体具有技术性融合、运营模式融合、系统性和开发性等特征。了解全媒体的特征就能更进一步了解各类型平台的全媒体,包括博客微博、门户网站、视频网站、社交平台等。通过全面了解全媒体的概念、类型、特征,进而理解全媒体在当下的发展情况和运用价值,以及全媒体在未来发展的新价值,这对进一步指导全媒体内容策划及应用奠定了理论基础。

课程思政

在全媒体传播中,媒介舆情往往以更普遍、更便捷、更多样、更新颖、更迅猛的态势予以呈现,运用舆情造势甚至是运用负面舆情炒作的事件也成为媒体营销的一部分,这必须引起高度重视。通过案例,分析不同媒介平台的传播特征,学生充分认识全媒体传播平台和手段会带来的正面、负面影响较传统媒体而言传播面更大,传播速度更快,传播样式更丰富。要形成良好的媒介素养,积极正确地享用全媒体传播资源的能力,以充分利用全媒体资源完善自我,最终形成促进社会物质成果和精神文化良性发展的媒介生态系统。

任务1.1　全媒体特征及应用

当今社会的传媒发展很大程度上受到数字技术影响,进而发展出不同于报纸、广播、电视等传统媒体的各类新型媒体,如网络电视、社交平台、短视频、移动媒体、门户网站等等,正是如此,联合国教科文组织曾将新媒体定义为"以数字技术为基础,以网络为载体进行信息传播的媒介"[①]。这种基于新技术建立的各类新媒体也以一种强势姿态打破我们传统的媒介认知和信息传播习惯,甚至是主体身份定位和价值观念。

2020年1月30日,《人民日报》刊登的《让主流媒体成为"全媒体"》提到"全程媒体、全息媒体、全员媒体、全效媒体"的"四全媒体理念",谈道:从传播的角度看,互联网的发明是继文字、印刷术、电信技术之后的又一次革命,各种有形介质都数字化,实现了多种媒体技术的整合。"全程",突破了时空尺度,"零时差""五加二""白加黑",传播随时随地都可以发生;"全息",突破了物理尺度,所有信息都可以变成数据,用一个手机就可以获得;"全员",突破了主体尺度,从"我说你听"的一对多传播,变成了多对多传播,互动性也大大增强;"全效",突破了功能尺度,集成了内容、信息、社交、服务等各种功能,成为"信息一条街"。

与此同时,当我们在经历"全媒体"所带来的变革之时,愈发觉得十分需要对全媒体拥有更加深刻、理性且系统的认识,用理论指导实践,促使媒体行业能够更好更快地发展,从而更好地满足人民日益增长的精神文化需求。

1.1.1　全媒体特征

(1)传播形态融合

全媒体呈现出不同于传统媒体的最突出特征是融合性。纵观当下媒体领域,尤其是新媒体呈现出多媒体、跨媒体的信息传播特征,即媒介融合的大趋势。

全媒体传播形态融合是各种内容表现形式、传播媒介形式和科学技术的集合。即是说,全媒体信息传播中往往会综合利用文字、声音、图像、动画、视频,以及这些元素的各种组合,丰富内容表达形式;结合使用纸质媒体、电视媒体、广播媒体、网络媒体、移动媒体等多种媒体作为传导媒介;基于网络通信技术,广泛应

---

① 陶丹,张浩达.新媒介与网络广告[M].北京:科学出版社,2001:3.

用各类终端拓宽信息获取方式,提高信息传导便捷度和效率。

（2）运营模式融合

全媒体运营模式融合主要是在媒体运营中,利用不同传播渠道的优势与特征,多渠道传播信息内容,多方面包装信息内容,并力求找到各个内容渠道的融合点。最终,通过运营模式上的创新,找到信息传递效率与企业收益均达到最高的完美平衡点。(图1-1)

图1-1 广西鹿寨县融媒体中心

（3）受众与生产者融合

随着网络通信技术不断发展,当今传媒突破了传统的由点到面的单向度信息传播模式,实现了整个信息参与者之间的多向互动传播模式,这颠覆了传统媒体的绝对话语权。"无论什么身份、年龄、职业、地区的人,都可以上网发布信息和言论,它给在传统媒介中无发言权的'沉默的大多数'提供了说话及发布消息的机会与权力。"①如此一来,信息发布者和信息接收者的功能界限和地位差异都被消解了,信息失去了固定的、单一的控制者,生产者与接受者之间更加频繁地身份互换、区域融合,当然,传媒企业的生存更是与对用户的需求满足程度息息相关。

（4）开放性特征

信息和资源的共享是互联网的基本精神之一,"分享"成为贯穿当今信息传

---

① 陈少华.网络媒体的有效引导与管理[J].新闻前哨,2007（Z1）:90-91.

播活动的关键词。在信息分享的时代背景中,一方面,自然要求全媒体内容数字化、渠道网络化,适应当下生活潮流;另一方面,还要求信息内容和获取体验尽可能多样化、迅捷化、个性化和海量化。如此,全媒体若要实现所有人对所有人的多点传播理想,则需要首先实现在信息内容、使用技术和运营理念上的开放化。

（5）系统性特征

我们往往关注到全媒体"全"的一面,忽视了全媒体在强调多种媒体形态融合的同时,也很看重单一的媒体表现形式,尤其是对传统媒体的重视程度。准确地说,全媒体并非简单地肆意拼凑使用各种媒体,而是通过系统有序的媒介组合,达到高效地采集、编辑、传导信息内容的目的,以此满足高质量自身发展和大众信息获取需求。

（6）技术性特点

根据全媒体的特征,显然,强有力的技术支撑是实现全媒体多信息、多形态、多渠道、多样化、多受众的信息传播理想的先决条件。具体而言,全媒体技术有以下几个主要特点:

①平台性。所谓全媒体技术,不是将各种新技术予以简单拼凑,而是通过整合跨媒体技术资源,形成能够支撑全媒体所有形态的复杂技术体系。它至少应该包括集中的媒资平台、覆盖全球的网络发布平台以及覆盖各种终端类型的服务平台。

②互动性。互动性不仅仅是人人都有话语权的新媒体所独具的特征,也是全媒体最重要的特点之一。对全媒体而言,互动性除了强调用户与用户之间、媒体与用户之间的互动性之外,还因其系统性特征,更强调媒体与媒体之间的互动性。

③融合性。即是如前所讲基于全媒体的融合性特征,相应地,全媒体需要具备融合不同媒介形式和内容形式的强大技术平台,包括最新的大数据、人工智能、云计算等尖端技术的应用,以实现数据驱动和智能驱动。

④用户核心。当下,信息接收者不仅享有信息的自主选择权,还拥有对信息的控制权,他们可以影响甚至改变信息的传播内容和传播方式,影响传媒企业的发展。例如,个性化推送服务,就需要基于大数据技术实现用户画像。(图1-2)

图1-2　信息共享的互联网精神

1.1.2　全媒体类型

全媒体的信息传播主要是对包括报纸、杂志、电视、电影、音像、广播、出版、网站等不同媒介形态的融合性使用。

（1）门户网站

主要是指互联网的门户网站，如我们熟知的腾讯、网易、新浪、搜狐等。关于门户网站的内涵，从广义上来看，它是指一个框架，其中包括网络资源、数据资源、应用系统等，并依托信息平台的模式出现，应用统一的界面形式为所有用户提供服务；从狭义上来看，它是指通向某类综合性互联网信息资源，并提供有关信息服务的应用系统。"网络媒体的早期发展史几乎就是一部门户网站的发展史，从美国的雅虎到中国的新浪、搜狐和网易，它们的每一个动作或多或少都会影响这个行业。不仅如此，门户网站的模式还深入地触及了整个网络媒体模式，为网络媒体的模式创新打开了思路。"①（图1-3）

（2）信息分享类

信息分享是指信息参与者通过某些特定的新媒体平台将信息分享出去，使信息因共享实现了传播。现在，我们熟知的信息分享类新媒体包括博客、微博、视频网站等。

---

① 匡文波 . 新媒体概论[M].3 版 . 北京：中国人民大学出版社，2019：80.

图1-3 国内各大门户网站

①博客、微博。博客是一个兼具信息生产和信息传播的综合性媒体,它主要是以文字、图片、影像和各种超链接等复合形式呈现信息内容,其生产的内容既具有私密性又具有公开性,因此又被称为"自媒体"或者"个人媒体"。现在博客的存在方式可以分为:注册即用,带有寄生性特征的托管博客;作为某个网站存在与运转一部分的附属博客;通过自主创建域名、空间,且内容和风格具备强烈个人特征的自建博客。

微博,即微型博客,是博客的产物。其微型最显著地体现在单条微博的信息体量上,比如国内微博的文字内容控制在140个汉字以内。微博用户可以通过网页、手机、计算机、WAP(无线应用协议)、邮箱、App、短信、即时通信等多种移动终端接入,编辑和发布文字、图片、音频、影像等多媒体形式信息内容,从而实现微博的信息分享功能。(图1-4)

微博更加专注于信息分享功能,通过该平台上的"关注"与"被关注",用户之间可以实现各类信息内容的相互分享。更重要的是有了政府、企事业单位、意见领袖、大V等群体的内容发布与分享,使信息分享不仅仅在传播数量和传播速度上有质的飞跃,而且在信息内容分享的权威性和公信力方面,微博愈发体现出其作为权威、活跃、广泛的强媒体、熟媒体的重要舆论优势。

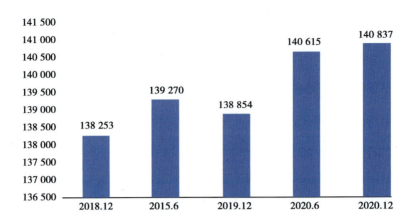

图1-4 CNNIC（中国互联网络信息中心）发布2018—2020年中国政务微博数量统计

②视频网站。视频网站是指在Web2.0技术背景下发展而来的，基于Adobe、Flash、Video等主要信息技术而实现视频在线发布、浏览和分享等功能的网络媒体。现在，我们较为熟知的国内视频网站主要有腾讯视频、爱奇艺视频、优酷视频、搜狐视频、哔哩哔哩网站等，这些视频网站的分享功能主要是指平台上影音内容的共享。这些被分享内容的主要来源有：网站转载成熟公司创作的电影、短片、动画等影音内容；自己国内公司独立制作的一些影音内容；业余团队、普通大众的原创视频。

③短视频App。随着网红经济的出现，视频行业逐渐崛起一批优质UGC（用户生成内容）内容制作者，微博、秒拍、快手、今日头条纷纷入局短视频行业，募集一批优秀的内容制作团队入驻。到了2018年，短视频行业竞争进入白热化阶段，内容制作者也偏向PGC（专业生产内容）化专业运作。短视频时长一般控制在15秒至5分钟，时间短，非常适合碎片化时间观看，同时，相对于文字、图片来说，视频能够带给用户更好的视听体验。短视频制作门槛低，发布渠道多样，人们也可以很轻松地直接在平台上分享自己制作的视频，以及观看、评论、点赞他人的视频，容易促成裂变式传播和在熟人间传播。丰富的传播渠道和方式能够使短视频传播的力度更大、范围更广、交互性更强。与其他营销方式相比，短视频营销可以准确地找到目标用户，更加精准。植入广告购买链接，甚至直接带货的，已实现了宣传和盈利结合，可以达到很好的营销效果。

（3）搜索引擎

新媒体的信息检索功能主要是依靠各类搜索引擎实现。搜索引擎的产生源于网络用户高效检索信息的迫切需求。随着互联网信息内容飞速增多，我们急需在海量的信息中迅速找到自己想要获取的信息内容，甚至是想知道或者是应该知道,却又暂时不知道的信息内容。现在,搜索引擎的工作过程主要分为三步:一是,蜘蛛在互联网上爬行和抓取网页信息,并将收集的信息存入原始网页数据库;二是,通过对原始网页数据库信息进行采集和整理,形成索引库;三是,根据用户的检索找到相关文档,并进行排序整理,最终将检索结果反馈给用户。(图1-5)

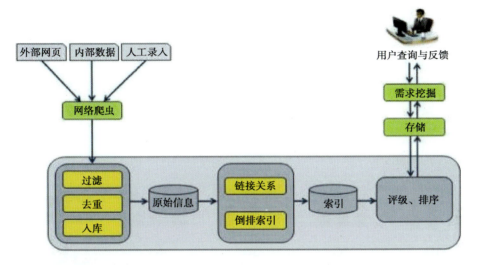

图1-5 搜索引擎工作原理图

(4)网络社交平台

网络社交平台就是通过对网络和移动互联网技术的使用,在线上建立起一个独立于现实社会关系网络之外的,网络平台上的关系网络。在这类平台上,用户往往在彼此交往过程中公开或者半公开自己的真实身份信息,但这并不影响其与他人社交。通过此类关系聚合类网络平台,我们可以稳固、拓宽、重构、优化现实社交关系。

2005年12月,由王兴、王慧文、赖斌强等人创建的人人网是国内社交网站的典型代表。自2008年人人网开放API(应用程序编程接口)以来,大量以人人网为基点的应用程序和网页游戏相继推出,人人网也开始步入开放战略发展阶段,这促使了它与其他网站的联盟合作,实现了用户数量和活跃度的巨幅提升。现在,国内关系聚合类新媒体经过多年发展,已经形成人人网、豆瓣网、天涯论坛、QQ、微信、微博等一众具备社交功能的网络平台,切实影响着我们的社交关系。2013年,Facebook在美国著名科技博客网站businessinsider所评选的全球最大网站中排名榜首,全球注册用户超过一亿。

"全媒体"不是一成不变的,特别是随着网络技术、通信技术、数字技术的发展,其愈发呈现为一个开放的、不断发展的、不断扩充的变动性外延。

1.1.3 全媒体技术发展

　　全媒体的发展伴随着移动通信技术的发展,移动通信经过一代、二代、三代、四代技术革新,已经发展至第五代(5G)技术。移动通信技术的每一次革新都对我们的生活产生着重要影响,如 3G 技术出现后我们开始利用智能手机一类移动终端应用微博、微信一类新媒体;4G 技术出现后我们的移动终端性能和种类进一步提升,并兴起了抖音、斗鱼等致力于高清直播、视频播放的新媒体。对新媒体而言,5G 技术可以提供更大的信息数据承载力,更高效的信息数据传播力,更广泛的信息数据覆盖力。未来,新媒体的信息载体将不再局限于手机、平板电脑、计算机等终端,内容形式也不再局限于高清视频,而包括 4K、8K 分辨率视频乃至融合 VR(虚拟现实)、AR(增强现实)应用。更重要的是,5G 技术的发展,将推动万物互联,成为改变未来生活的新引擎。(图 1-6)

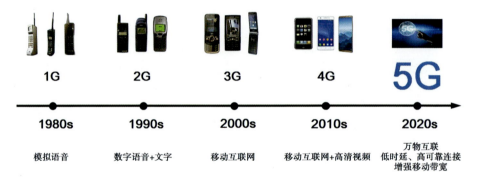

图 1-6 移动通信技术发展历程

　　随着通信技术的发展,各种新旧媒介形态,包括报纸、广播、电视、互联网媒体、手机媒体等,借助文字、图像、动画、音频和视频等各种表现手段进行深度融合,产生的一种新的、开放的、不断兼容并蓄的媒介传播形态和运营模式。全媒体从传播载体形态上,包括报纸、杂志、广播、电视、音像制品、电影、出版、互联网、电信等;从传播内容形式上,包括视、听、形象、触觉等;从信息传输渠道上,包括传统的纸质传播渠道,广播电视网承载的有线、无线、卫星传播渠道,电信网承载的有线、无线传播渠道,国际互联网传播渠道等。就此而言,"全",一是指信息表达时所使用的丰富表现形式,包括使用文、图、声、像,来全方位、立体地展示信息内容;二是指信息传播中尽可能全面地满足大众信息获取需求,包括用户的感官需求、多重身份需求、个性化需求、心理需求等等;三是指信息传播中综合使用各类媒介形态,包括使用报纸、广播、电视、网络等媒体平台传播信息。总之,全媒体意指信息传播的全面性,即覆盖面最全、技术手段最全、媒介载体最全、受众传播面最全。(图 1-7)

图 1-7 基于 5G 技术的万物互联场景

全媒体的产生与通信技术和信息技术的发展密切相关,是"媒介融合"的产物,它属于由"跨媒体""新媒体"逐步衍生而成的,指向集合、整合的媒介应用概念。对业界人员来说,需注意通过不同媒介间的交融和媒体发布通道的多样性,在全媒体的环境下,使受众获得更及时、更多角度、更多听觉视觉组的信息阅读体验。对学界研究而言,全媒体无论是其概念的提出,还是理论研究,均是滞后于传媒界实践活动的,这与其他社会思潮与媒介变革的命名有着本质不同。即是说,全媒体理论是基于实践活动的既定事实,这意味着该理论传媒行业的实践指导意义减弱。尤其是,作用于当前传媒界的信息技术更新周期越来越快,那么,这更需要我们以一个开放的、前瞻的、系统的理论研究姿态看待当今的全媒体趋势,以期理论与实践相互联动起来。

1.1.4 全媒体应用

全媒体本身并非一个实体性的媒体,它是在以数字技术为核心的信息、通信及网络技术发展基础上,在平面媒体、电视媒体、广播媒体、网络媒体、手机媒体等各种媒体形态之间进行深度融合,并产生质变后所形成的一种崭新的传播形态。全媒体不是传统媒体的单一介质业务运作,而是综合运用纸媒、电视、广播和网络等多个媒体形态与平台,实施全方位、多形态、多落点的综合媒体业务体系。全媒体作为一种全新的媒介营销管理观念,是建立在媒介融合基础上的媒介营销策略,包括整合性的媒介内容生产平台的创建,以及相同媒介内容的不同呈现方式的组合式应用。全媒体本质上是为满足大众不断提升的信息获取需求,而提供尽可能丰富的信息分享渠道和接受体验。

从本质上看,全媒体的概念是随着信息和通信技术发展、应用和普及,从技术层面上升到传播学、管理学层面的。当前,学界普遍认为:全媒体是指综合运用各种表现形式,如文、图、声、像,来全方位、立体地展示传播内容,同时通过文字、声像、网络、通信等传播手段来传输的一种新的传播形态。对此,王庚年总结为:全媒体是在信息、通信、网络技术快速发展的条件下,各种新旧媒体形态,包括报纸、广播、电视、网络媒体、手机媒体等,借助文字、图像、动画、音频和视频等各种表现手段进行深度融合,产生的一种新的、开放的、不断兼容并蓄的媒介传播形态和运营模式。[①]

任务1.2 全媒体的新价值

回溯近30年的技术发展史,由于信息技术的发展,数字化、计算机网络与虚拟现实技术相继出现并以闪电般的速度走向融合。通过对全媒体发展、内涵、特征以及类型的梳理,我们可以发现,这种技术融合也在传播、通信等领域开始全面渗透与应用,随之而来的是传播媒介经历着巨大的变革,传统的电视、广播等媒介正突破自身的界限与互联网、手机等新媒体走向一起,如此,新媒体和传统媒体必将共同进入一个全媒体的崭新信息传播时代。

1.2.1 全新的媒介观念

全媒体不仅表现为各种媒介形态的综合,也表现为不同的媒介表现形式的综合应用,还应该是媒介内容生产方式、营销方式、媒介内容、传播手段及消费方式等各方面的综合性应用。现代传播技术的迅猛发展,已经表明:任何一种媒介形态都在不断变化,并呈现出加速融合的趋势,不同的媒介形态与媒介要素可能内化成企业的一个部门或一个生产阶段,这使不同媒体的生产流程逐步由独立走向统一。基于此,全媒体是建立在媒介融合基础上的观念革新,使任何一种新媒介或跨媒介的产生成为可能,它的出现,从观念上改变了人们对传统媒介的认识习惯。

1.2.2 全新的信息生产运营方式

过去,人类信息生产是通过生产工业的专门化或专业化的方式来完成的。在此基础上形成不同的媒介形态,如报纸、广播、电视,因生产方式的不同继而形成不同的媒体生产部门。在具体的媒介内部,又因分工上的差异进一步细化,如

---

① 李静修.全媒体视野下的受众审美心理研究[D].吉林:吉林大学,2013.

对报纸而言又分为编辑部、记者站等等。全媒体则打破了这种分工的状态,以传播对象的专门化、受众对信息的不同需求为基点组织内容生产。在此种情况下,全媒体更像是一个资源平台,能够满足不同受众的需求,进而组合成不同的媒介内容。

全媒体是新的传播手段。信息与通信技术的迅猛发展促使人类的传播观念发生转变,催生了全媒体的出现。全媒体综合运用文字、声音、图像、音频、视频等方式全方位、立体化展示传播内容,也综合运用广播、电视、报纸、网络、手机等传播手段来传播信息,充分调动人的感知器官综合参与对信息的认知。总体来说,在技术能达到的范围内,全媒体能够不断跨越现有各种媒介的固有障碍,实现对媒介信息传播手段的超越。

全媒体的出现是传统媒体与新兴媒体走向融合的结果,是媒介运营模式的一种探索与尝试。2009 年,广播影视科技工作的总体要求提出,要广泛利用通信网、互联网等新渠道,积极开展网络电视、网络广播的数字业务,传统媒体要把与新兴媒体的融合放在突出重要的位置,推动全媒体的发展。

1.2.3　全新的媒介形态

传统的媒介形态强调各自为营、独立运作。全媒体将传统媒体与新兴媒体整合为一个整体,架构起几乎包含所有媒介形式的传播状态。它所呈现出的是让人耳目一新的状态,无论是传播主体还是传播渠道,无论是传播内容还是传播方式,都可能成为全媒体形态的构成要素。(图1-8)

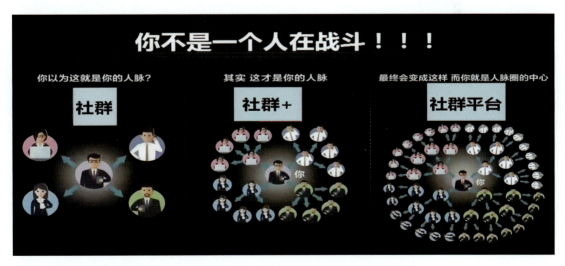

图 1-8　媒介延伸社交关系

麦克卢汉指出"媒介是人的延伸",从这一思维方式而言,全媒体事实上是对人的"延伸的延伸"。我们可知手机是言语感官的延伸,广播是听觉的延伸,电视报刊是视觉的延伸,互联网是大脑感知思维的延伸。反观全媒体,则是将这一切知觉予以有机融合,成为身体感知器官延伸后的"再次延伸",必然全方位地扩展人类原有的媒介功能。当我们审视全媒体的内涵定义时,可以用"二次延伸"的概念去界定全媒体,"不仅有助于学界清晰形象地表述全媒体的应用表征,也使得'以人为本'的科学发展观在媒介研究领域有了理论依据,并且能够给媒介未来的发展做出指引"[①]。

课后拓展

据中国互联网络信息中心(CNNIC)在 2021 年 2 月发布的第 47 次《中国互联网络发展状况统计报告》,截至 2020 年 12 月,我国网民规模达 9.89 亿,互联网普及率达 70.4%。(图1-9)

同时,基于网络技术兴起的全媒体为民众参与社会舆论提供了更为便捷的通道、更为丰富的形式,全媒体就像是一个扩音器,放大了近 10 亿网民的声音,任何一件不经意的"小事"都可能产生巨大的社会舆情能量。

这一特征通常体现在某一事件爆发后众多网民可以利用新媒体平台实现网民与网民之间、网民与政府之间、网民与媒体之间的讨论、争执,这也使某一事件的各类舆情能因快速聚集、互动而变得更深入、更多元。当然,也因各类舆情得以汇聚在公开的新媒体平台,而促成某一主流舆情,并得到集中反映。特别是弹幕形式,更是为网民迅速发表个人意见,并形成彼此间意见迅速交流提供了支撑。

图 1-9　CNNIC 发布的第 47 次统计报告图示

---

① 王庚年.关于全媒体的认识与探索[J].中国广播电视学刊,2012(11):8-11,20.

全媒体舆情因其基于新媒体技术基础和传播理念,而具备更迅速的传播特征。 由于网络技术和移动终端的不断发展,各类舆情事件可以在第一现场、第一时间传播至数亿网民的各类终端设备上,而微博、微信、电子邮件、视频平台等层出不穷的新媒体平台更是丰富了舆情事件的传播渠道。同时,在传播理念上,全媒体突出的交互性,消解传播者与受众的新理念,更是促成了人人都是自媒体,大众皆可以参与舆情事件的发布与分享,任何舆情事件都有机会在各类新媒体上迅速传播、扩散,成为大众的焦点。

总结练习

全媒体的产生与通信技术和信息技术的发展密切相关,是"媒介融合"的产物,它属于由"跨媒体""新媒体"逐步衍生而成的,指向集合、整合的媒介应用概念。学习时需注意通过不同媒介间的交融和媒体发布通道的多样性,在全媒体的环境下,使受众获得更及时、更多角度、更多听觉视觉组的信息阅读体验。

知识练习

1. 请简要说出全媒体的特征和概念。
2. 全媒体和传统媒体比较有何传播上的优势?
3. 全媒体的"四全"表现为:(　　　)、(　　　)、(　　　)、(　　　)。

模块二｜全媒体新闻策划与制作

模块导视

新媒体改变了信息传播的渠道和接受方式,在全媒体的语境下,新闻要适应新媒体新闻的报道形式和传播方式,新闻从业者要提升自身新闻素养,转变新闻采写、新闻播报形式和方法,借助更为先进的手段、更为开放的平台,坚持守正创新,以互联网用户思维创作出符合群众需要、符合社会主义核心价值观的新媒体新闻。善于从全媒体平台发现和挖掘不同的新闻素材,使采写的新闻符合全媒体的特点,符合受众的"阅读期待"。

学有所获

本模块基于全媒体新闻的传播特点,将内容分为全媒体图文新闻制作和全媒体短视频新闻制作两个任务。通过本章学习,从满足用户需要的角度出发,注重新闻稿件的效用,掌握图文新闻的策划案撰写和图文编辑,学会运用图文编辑器进行微信公众号内容的编写排版。掌握短视频新闻的选题策划、标题文案撰写、拍摄和编辑常用技巧等。运用常见编辑工具进行短视频新闻编辑合成,并正确上传平台。学生充分认识全媒体新闻生产方式方法,以事实为前提,整合全媒体资源,打造爆款新闻短视频。

课堂思政

在碎片化阅读时代,想要抓住用户的眼球,全媒体新闻选题的策划与创意、新闻内容的生产与制作显得尤为重要。在全媒体新闻传播中,媒体人不能为了点击率、流量不顾新闻的真实性和舆论导向等新闻生产的基本原则。新闻内容的制作者和传播者,要以身作则,维护互联网网络文明。同时始终要牢记:确保信息真实准确是新闻安全的重要底线,绝不能为了"抢新闻"分流量而忘却新闻工作的基本原则。

任务2.1　全媒体新闻传播

2.1.1　全媒体新闻传播特点

在全媒体传播时代,新闻策划的理念和实践方式发生了显著变化,信息传播呈现数据驱动和个性化推荐的发展趋势,使信息传播的效率和途径得到了极大的提升和扩展,催生出更加开放、多样化、互动性强的传播环境和传播形式,这也为传媒行业和新闻从业者带来了机遇,同时也是巨大的挑战。

（1）内容多元化和个性化

新闻传播的内容不再局限于传统的纸媒和电视新闻。多元化的内容形式成为一种常态,新闻可以通过文字、图片、视频、音频等多种形式呈现,使新闻内容更加立体、丰富和生动。例如,新闻报道可以结合图文（包括动图）、视频等多种媒体元素,呈现更加直观和生动的报道效果。同时,全媒体平台更关注受众的个性化需求,通过精准定位传播内容,建立传播者与受众之间更紧密的联系。个性化推荐系统利用大数据分析用户的阅读偏好和行为习惯,提供定制化的新闻内容,从而提高用户的参与度和满意度。

（2）交互性和参与性

传统的新闻传播通常是单向的信息传递,而全媒体时代则通过社交媒体和互联网直播等形式,实现了与受众的即时和实时互动。受众不仅是新闻的接收者,也是新闻内容的参与者和传播者。社交媒体平台为受众提供了评论、点赞、转发等互动方式,使信息传播更加活跃和多样化。例如,通过社交媒体平台,受众可以直接参与新闻事件的讨论和反馈,形成互动性的传播生态。此外,新闻工作者可以通过社交媒体平台获取受众的实时反馈,及时调整新闻策划和报道策略,增强新闻的互动性和参与性。

（3）内容融合和平台整合

全媒体传播时代的新闻能够实现不同媒体之间的内容融合与平台整合,打破了传统媒体之间的信息孤岛问题。充分运用"一次采集、多元生成、多重分发"的生产理念和模式,在新闻生产和传播的过程中,可以利用多渠道全方位地传播信息,将同一新闻事件或报道在不同传播平台上发布和推广,最大限度地覆盖受众群体。例如,可以将报道内容在网站、移动端应用、社交媒体等平台同步发布,利用各平台的特点和优势,提升新闻传播的效果和影响力。跨平台内容共享机

多元分发不仅拓宽了新闻传播的范围,也增强了新闻的时效性和影响力。通过不同渠道和平台将生成的多种形式的新闻内容进行分发,确保新闻信息能够广泛传播并覆盖不同类型的受众。这些渠道包括传统媒体(如报纸、电视)、新媒体(如网站、移动应用)、社交媒体(如微博、微信)等。而客户端口是拓展媒体渠道的重要途径,新闻专属客户端如央视新闻客户端、微博客户端等,融合不同新闻报道形式,也便于跨媒介传播。以新型媒体客户端为项目基础,是快速推进媒体深度融合的起点。

(2)分发路径方式

①网站和新闻客户端。网站和新闻客户端是新闻分发的主要渠道之一。通过网站和新闻客户端,新闻内容可以实时更新,并通过首页推荐、栏目分类、专题页面等多种方式向用户推送。新闻客户端可以通过推送通知、个性化推荐等手段,吸引用户点击和阅读。

②社交媒体平台。社交媒体平台是当前新闻分发的重要途径。新闻机构通过微博、微信等社交媒体平台发布新闻内容,借助社交媒体的用户基础和高互动性,实现快速传播。通过用户的点赞、评论、转发等互动行为,新闻内容可以在短时间内广泛传播,增加曝光率。

③搜索引擎优化(SEO)。SEO的核心目标是让网站在相关的搜索查询中获得更高的排名,吸引更多的自然(非付费)流量。SEO是提高新闻内容在搜索引擎结果中排名的技术手段。通过优化新闻标题、关键词、元标签和内容结构,新闻网站可以吸引更多的搜索流量。新闻内容在用户搜索相关话题时更容易被发现,从而增加阅读量和点击率。

④个性化推荐系统。个性化推荐系统利用大数据和人工智能技术,根据用户的兴趣和行为习惯,推荐符合其偏好的新闻内容。新闻网站和应用程序可以通过分析用户的浏览历史、点赞、评论等行为,提供个性化推荐,提高用户的阅读体验和黏性。

⑤短视频和直播平台。短视频和直播平台如抖音、快手等,为新闻内容提供了新的分发渠道。新闻机构可以通过这些平台发布短视频新闻、进行直播报道,吸引年轻用户和偏好视觉内容的受众。

⑥信息流广告。信息流广告是一种嵌入在社交媒体和新闻应用程序中的广告形式,通过算法推荐将新闻内容展示给潜在感兴趣的用户。这种方式不仅能够增加新闻内容的曝光率,还能通过精准投放提高阅读转化率。

⑦合作分发。合作分发是指新闻机构与其他平台或应用合作,通过内容交换、联合发布等方式,扩大新闻内容的分发渠道。例如,新闻机构可以与门户网

站、垂直行业网站、智能设备厂商等合作,进行内容分发和推广。

⑧自有平台和社群。自有平台和社群是指新闻机构通过自建平台或社群聊天进行新闻分发。例如,通过自有的论坛、社群账号、博客平台等,与用户建立直接联系,进行内容互动和分发。这种方式可以增强用户黏性,形成稳定的用户群体。①②

任务2.2　全媒体图文新闻

2.2.1　图文新闻策划

新闻策划作用于新闻事件之后的新闻生产,并不能干涉或引导新闻事件的发生进程和结果,更不能改变新闻事实的性质,即新闻策划不是对事实的策划,而是对事实的显现。

在全媒体传播时代,新闻策划的内涵和理念发生了多方面的变化,新闻策划是指新闻媒体在进行新闻报道之前,通过系统的思维和精心的组织,对新闻选题、报道角度、报道方式和传播策略进行周密安排的过程。其目的是提高新闻报道的质量和影响力,增强报道的吸引力和受众的关注度。新闻策划是新闻媒体提升竞争力和影响力的重要手段。图文新闻策划涵盖了从选题到发布的多个环节。每个环节都有其独特的重要性,确保新闻内容不仅具有新闻价值,还能引起目标受众的兴趣和共鸣。

(1)新闻选题

选题需要具备新闻价值,包括时效性、重要性、趣味性和独特性。只有选择具有吸引力的新闻题材,才能吸引读者的注意力。同时,明确目标受众也是关键,要确保选题符合受众的兴趣和需求。例如,年轻受众可能对科技新闻更感兴趣,而年长者则可能更关注健康和政策新闻。特别注意的是,同一个新闻内容,在不同的媒介平台进行报道,新闻选题的切入点也不尽相同。

(2)信息收集

信息收集是确保新闻内容准确和全面的基础,需要通过多种渠道进行资料调研,如数据库、文献和互联网等。同时,进行深入采访,与相关人物和专家交

① 王晶."一次采集,多种生成,多元分发"实践路径:以湖北日报全媒体报道为例[J]. 新闻前哨,2022(18):12-13.
② 杨保军. 论新闻的价值根源、构成序列和实现条件[J]. 新闻记者,2020(3):3-10.

流,获取第一手资料。资料调研确保新闻的背景信息充足,而采访则提供了生动的细节和直接的见解。这一步骤的关键在于信息的真实性和全面性。

（3）结构设计

结构设计主要包括导语、主体和结尾。导语需要简明扼要地概括新闻的核心内容,吸引读者继续阅读。主体部分详细展开新闻事件,包括背景、过程和影响等,逻辑清晰,信息丰富。结尾部分则总结新闻内容或提出思考和展望,给予读者进一步的思考空间。合理的结构设计能够提升新闻的可读性和信息传达的效果。

（4）视觉元素

视觉元素在图文新闻中起着至关重要的作用。选择和设计高质量的图片和制作相关图表,能够增强新闻的视觉冲击力和信息传达效果。图片应清晰、有代表性,能够补充和解释文字内容,帮助读者更好地理解复杂的数据和信息。

（5）标题撰写

标题需要简洁有力,吸引读者的注意力,同时准确反映新闻内容,避免夸大或误导。一个好的标题不仅能引起读者的兴趣,还能增加新闻的点击率和传播效果。例如,在报道重大事件时,标题可以突出事件的核心和重要性,吸引读者进一步了解详情。

（6）编辑修改

在实际操作中,编辑和修改新闻稿也是必不可少的环节。初稿完成后,需要进行多次审阅和修改,确保语言简练、信息准确。编辑过程应注重细节,避免错误和疏漏。新闻的质量在很大程度上取决于编辑的细致工作和严谨态度。只有经过反复打磨的新闻稿件,才能达到高质量的标准。

（7）审核和发布

新闻稿件需经过多层次审核,确保内容的准确性和合法性。审核过程中应重点检查内容的真实性和合法性,防止虚假信息的传播。新闻发布后,通过多渠道进行推广,增加新闻的曝光率和影响力。推广渠道包括社交媒体、新闻网站、企业公众号等,能够迅速将新闻传递给广泛的受众。

图文新闻策划从选题、信息收集、结构设计、视觉元素、标题撰写、编辑修改到审核发布,环环相扣,确保新闻内容的吸引力和影响力。①

---

① 彭剑,江浩.价值、解释与操作：数字时代新闻理论的三个命题［J］.传媒观察，2022（12）：15-24.

2.2.2　图文新闻文案写作

新闻写作主要有两大结构,即导言与主体,而导言是撰写新闻稿最主要的骨架,它是新闻中的新闻。一般而言,现今的新闻报道均将最精华的部分浓缩在第一段,由此可见导言的重要性。

(1)找到具有新闻价值的主题

新闻价值即读者有兴趣、关心,有影响性、接近性、容易有共鸣的新闻。

(2)导言必须简洁扼要

精简的文字比冗长的文字更能让人容易了解,冗长的词句使人不易抓住主题。因此,新闻导言愈短愈好。

(3)找到具有吸引力的导言写法

一个好的导言首要的条件是能抓住读者的注意力。新闻的写作必须清楚交代 5W1H(何人、何事、何地、何时、为什么、如何),如果将这 5W1H 全部都写在导言中就会显得十分冗长,也没特色。因此,必须依照个别新闻的报道价值来做判断,例如报道的是名人,就应将人摆在第一段,如"本拉登昨被美军击毙""影视大鳄邓建国因欠债不还在广州白云机场被警方拘捕"。如果是地点重要,就以地点为导言,如"宜兰大南澳山区,昨天发现台湾第一块原生铀矿"。如果是以时间为重点,就以时间做导言,如"今天是奥运会开幕的日子",这样能使读者一目了然。

一般新闻稿的撰写分为"导言"与"文体"两部分。特写的主要结构也分为导言、引介、叙述、结语四个部分。

2.2.3　图文新闻编辑

(1)图文设计,打造用户喜欢看的内容

全媒体时代,依靠纯文字新闻吸引读者十分困难,所以新闻生产者除了要掌握写作技巧,还要会使用图片为文章增加色彩。图片是新闻生产者在进行内容创作时的有力武器,一张合适的图片有时能胜过千言万语,可以迅速抓住眼球、吸引读者。图片能给读者带来视觉体验,也能为平台上的文章锦上添花。

①图片的 4 种功能。全媒体平台上文章中的图片具有增添美感、吸引读者,提高阅读效率,延展新闻内容、还原新闻现场,产生代入感 4 种功效。

功能一:增添美感、吸引读者

在碎片化阅读时代,排版美观的文章会给读者带来赏心悦目的感觉。一张适合的照片是打造优质文章的必备武器,而且在一定程度上激发读者阅读兴趣,为延长读者阅读文章的时长,诱发收藏、点赞、转发的行为奠定了基础。

功能二:提高阅读效率

大段的文字容易引起视觉疲劳,让平台用户产生厌烦,且不易深入理解文字内容。在文字新闻中适当添加图片,可以起到缓解用户视觉疲劳的作用,让用户有时间回味、思考新闻的内容,进而提高阅读效率。

功能三:延展新闻内容、还原新闻现场

全媒体平台上的新闻报道应图文结合,有时一张新闻图片往往比大段的文字更有说服力。图片不仅可以延展新闻内容、还原新闻现场,而且有利于降低新闻理解难度。

功能四:产生代入感

新闻图片最好采用客观视角进行拍摄,这样用户在看到这张新闻图片时如同身处新闻现场,增加新闻真实性和客观性的同时,也让用户产生极强的代入感,仿佛自己就是新闻事件的见证者。

②图片引爆用户眼球的 8 大细节。想要让图片与文字完美匹配,引爆用户眼球,运营人员要注意这 8 个细节。

细节一:图片要具备高清质量画质。

很多平台在上传图片时会对图片进行压缩处理,若上传后的图片画质不高,图片模糊,不仅不会增加文章的美感,还会给用户带来糟糕的阅读感受,因此要保证原图的清晰度。

细节二:图片的色彩搭配。

饱和度高的图片是最佳选择。人类对明亮色彩比暗色调的感知力更强,人眼首先会对高饱和度的图片产生反应,暗色调的图片则易给读者造成压抑、沉闷的阅读气氛。

细节三:图片数量要与文章长度相匹配。

字数少于 500 字的文章适合配 1～2 张图片,字数在 500～1500 字的文章适合配 3～5 张图片,字数在 1500 字以上的文章适合配 6 张以上图片。

细节四:图片要与文章内容相匹配。

在平台上发布的文章要选择与内容主题相关的图片。

细节五:图片位置。

顶部、中间和底部是常见的配图位置。在文章的最前端放置一张图片,奠定了全文的色调,文章中其余图片要与第一张照片的色调相近,避免出现色调相差较大的情况。文章中间可间隔 2~3 段穿插一张图片。底部图片可在文章结束前 1~2 段插入进去。

细节六:图片顺序。

顶部插入的图片是主图,主图要与文章内容高度契合,并且是构图优美的图片。插入在文章中间和底部的图片除了要保持与文章内容的一致性,而且要注意与主图色调相一致或近似。

细节七:图片大小。

根据不同平台的需求进行图片的裁剪,切忌同一篇文章中出现多种画幅比例的图片,或出现图片过大、过小的极端现象。

细节八:水印问题。

为文章插入图片时,尽量选择自主拍摄的照片或原创图片。若插入其他来源的图片要注意去除水印,图片中出现水印会降低整篇文章的档次与专业性。同时要注意图片的版权问题,标明图片来源。

(2)排版及内容优化

好的公众号或订阅号排版会给用户带来美的享受,并且让用户沉浸其中。主次分明、逻辑清晰、图文并茂是一篇文章排版标准的基本要求。运营人员在编辑排版时要分别从标题、图片、正文三大方面进行排版优化,具体内容可参考教学资源。

(3)三款常用的编辑器

微信编辑器是微信公众号平台自带的编辑器,具有简单的文章排版功能,但是编辑效果略显单调。因此,很多公众号在排版时往往使用第三方编辑器。有三款常用的编辑器,可以让大家轻松搞定微信公众平台文章的内容编辑与排版。

①秀米编辑器。秀米编辑器是一款优秀的内容编辑器,拥有网页版和移动端小程序。关注秀米微信公众号即可进入排版界面进行编辑,而且可以挑选各种风格排版,同时可制作 H5。

②135 编辑器。135 编辑器是操作最简单的编辑器之一,主要用于简单的长途文编辑,在浏览器中搜索 135 编辑器即可进入网站进行编辑。

③i 排版编辑机器。i 排版编辑器也是一款常用的内容编辑器,用户可以通过浏览器搜索"i 排版"进入网页版进行编辑,也可以通过微信扫一扫功能进行注册,然后下载电脑端进行操作。

(4)H5 图文推广

H5 是 HTML5 的简称,是一种高级网页技术,它主要是对编程、视频处理、音频处理、图片处理、动画制作等多项技术的融合展示。日常生活中看到的邀请函、小游戏都是 H5 网页,而且 H5 通过移动端平台已经走进了我们的生活。常见的 H5 有四大类型:

①活动运营型。为活动推广运营而打造的 H5 页面是最常见的类型,形式多变,包括游戏、邀请函、贺卡、测试题等形式。与以往简单的静态广告图片传播不同,如今的 H5 活动运营页需要有更强的互动,更高质量、更具话题性的设计来促成用户分享传播。从进入微信 H5 页面到最后落地到品牌 App 内部,如何设计一套合适的引流路线也颇为重要。

例如,新华社与360共同制作的《守护未成年人健康上网》的推广页采用绿色为主色调,让人眼前一亮,每个页面都清楚地介绍了未成年人保护法中对网络平台的要求,如图 2-1 所示。

②品牌宣传型。不同于讲究时效性的活动运营页,品牌宣传型 H5 页面等同于一个品牌的微官网,更倾向于品牌形象塑造,向用户传达品牌的精神态度。在设计上需要运用符合品牌气质的视觉语言,让用户对品牌留下深刻印象。

例如,华为手机的 H5,开篇是一个似水流年的广告,影片伴随着主人公的历程,见证了华为手机新型号的特色。观看后,即可造访时光,穿越时光博物馆,观看华为手机追求极致,历经时光的打磨,到现在所呈现出的精致品质,点击华为手机上的提示小图标查看华为手机的相关详细介绍,更细致地了解华为某型号手机。

③产品介绍型。聚焦于产品功能介绍,运用 H5 的互动技术优势尽情展示产品特性,吸引用户从而产生购买行为。

例如,雷克萨斯 NX 系列就是优秀的代表案例。精致和极富质感的建模、细腻的光效营造出酷炫的视觉风格。用手指跟随光的轨迹切割画面揭开序幕,通过合理优雅的触碰、摩擦、滑动等互动形式带领用户一同探索产品的 7 大特性,宏观和微观都照顾周全。

图2-1 新华社《守护未成年人健康上网》H5

④总结报告型。自 2014 年支付宝的十年账单引发热议后,各大企业的年终总结现也热衷于用 H5 技术实现,优秀的互动体验令原本乏味的总结报告有趣生动起来,如图 2-2 所示。

图 2-2　2024 年重庆市政府工作报告

H5 的 4 种常见页面形式:

如何有针对性地对 H5 页面进行设计,需要考虑到具体的应用场景和传播对象,从用户角度出发去思考什么样的页面是用户最想看的和最会去分享的。常见的 H5 专题表现形式有:简单图文,礼物、贺卡、邀请函,问答、评分、测试形式,游戏形式。

①简单图文。简单图文是最常见、最典型的 H5 专题页形式。图的形式千变万化,可以是照片、插画、GIF 等。通过翻页等简单的交互操作,起到类似幻灯片的传播效果。如图 2-3 所示,抽象派的风格,以黑色为背景,太空场景、核心舱和功能舱使用的是 3D 立体模型。对空间站还赋予不同的标签,如太空博物馆、吸猫舱、太空田园、宅急送等,激发青少年对未知世界的好奇心,自己动手生成一套有自己想法的太空舱,用科技认识来探索世界。

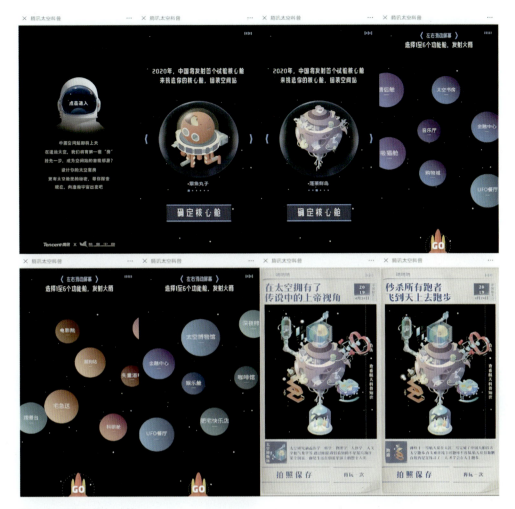

图2-3　腾讯太空科普

　　②礼物、贺卡、邀请函。品牌抓住每个人都喜欢收到礼物的感觉这一心理，推出了各种H5形式的礼物、贺卡、邀请函，通过提升用户好感度来潜移默化地达到品牌宣传的目的。既然是礼物，那创意和制作便是重要的加分项。

　　③问答、评分、测试形式。问答形式在H5页面早已屡见不鲜，利用用户的求知欲和探索欲，引领用户一探究竟。问答、评分、测试形式，首先要有一条清晰的线索，其次结果页也要合理不突兀，最后辅以出彩的视觉效果和动人的文案，弱化答题的枯燥感。

　　例如，为庆祝建党100周年，中国文化发展中心联合腾讯看点和QQ浏览器共同制作的"测测你的红色基因"，让用户通过游戏测试加深对中国共产党历史的了解，如图2-4所示。

　　④游戏形式。H5游戏因为操作简单、竞技性强，一度风靡。品牌要利用H5游戏页面成功传播，需要在玩法和设计上多下点功夫，避免缺乏创意和同质

图2-4　测测你的红色基因

化现象导致用户对小游戏产生厌倦。

　　细节要与整体相统一,注重配色,讲好故事、引发情感共鸣,合理运用技术、打造流畅的互动体验,是 H5 页面设计的 4 个要求。

任务2.3 全媒体短视频新闻

2.3.1 短视频新闻策划

从整个短视频新闻的制作、发布流程以及用户的使用体验来看,短视频新闻策划需要注意以下内容:

(1)短视频新闻的新闻价值

新闻价值是指事实的内涵能够在多大程度上引起受众普遍关注的素质(要素),以及其传递价值观的能力,是拍摄短视频新闻传播主体衡量、选择新闻事实的依据。

①新鲜性。指新闻事实的发生与报道之间的时间差越小,新闻价值就越大。

②重要性。指新闻事实的重要程度。重要性是新闻价值的主要因素,也是核心因素。其中,事实影响人的多少,事实对人和社会影响的时间长短,事实影响空间范围的大小,事实影响人们实际利益的程度,都是判断新闻重要性的标准。例如,人民日报抖音视频:罕见病药品医保谈判再现"灵魂砍价",其点赞量达179.3万次、留言达12.4万条、转发量达19.9万次,充分体现了新闻的重要性。

③显著性。是指新闻人物和新闻事件具有引人注目、非同一般的意义。越是著名人物,其身上发生的事实越具有新闻价值。越是著名地点,那里发生的事实,越容易引起受众的关注。

④接近性。是指新闻事实与共同主题特别是接收主体的各种"距离"关系。接近性一般包括空间接近性和心理接近性。

空间接近性是事实产生或发生的空间与新闻传播指向空间的关系,相对遥远地区的事物来说,人们更关心自己周围的事物,人们应付环境、改造环境总是从近处开始的。

心理接近性是指新闻事实与人们在心理上、情感上的距离关系。形成人们心理接近心理的因素还有很多,如构成事实的人物、地点、时间,新闻事实中人物的年龄、性别、职业、民族等。在短视频新闻策划时,要让用户感同身受,拉近心理上或情感上的距离,引发共鸣,从而刺激用户更多的点赞和转发,增加成为爆款的概率。例如2020年的10月1日,人民日报抖音号发布的"今天的升旗,看得格外感动和骄傲！今日份点赞给我们的祖国！我爱你中国"，视频内容是国庆节当天天安门前的升旗仪式。看后激起网民心中浓烈的爱国之情，获得较高的点赞和转发。

⑤趣味性。是指奇特、反常、幽默的新闻事实具有令人喜闻乐见的意义。例如，大象新闻抖音视频：男子骑车逆行过斑马线被拦，下一秒搬车过马路。该条短视频新闻就具有极强的趣味性，点赞量达3.9万次。

（2）短视频新闻选题技巧

①及时准确地传播正能量。短视频新闻在挑选选题时首先要考虑输出正能量的内容。

②热点话题整合。信息爆炸时代，不仅要争分夺秒地拍摄、制作出片，而且要整合热点话题。

③海报图片类视频。对于突发性事件，在新闻短视频制作时也可以选择使用图片海报+提示性强、紧张感强的背景音乐。

④特殊日期的议程设置。短视频新闻拍摄和制作采取议程设置，在特殊的日期节点，进行特别呈现。以中国共产党成立100周年为例，人民日报的抖音账号推出了一条"错位时空"的短视频，利用电视剧《觉醒年代》中优秀的共产党人与建党100周年的庆祝大会进行混剪，短短75秒，每一秒都让人心潮澎湃，给予了观众极强的新鲜感，加上多场景、多转场、多角度的呈现方式，无疑赋予了新闻短视频更大的魅力。又如，2021年6月27日央视新闻抖音平台发布"七一勋章"样式公布，该条视频点赞量达146.2万次。具体新闻视频可以参考教学资源。

⑤选择新闻人物话题。与新闻人物有关的话题也是短视频新闻选题的重要来源之一。新闻人物，就是能够引起话题的人物，在新闻事件中，该人物在某一时间或时期，在某个领域的影响力超过其他的事件人物，此为重要新闻人物。

⑥连续报道。连续报道是对重大事件、重要问题或新闻人物在一段时间内进行的接续性报道。短视频新闻选择连续报道可以引起用户的关注与重视。例如，红星新闻的"无罪之路因为有你"连续报道播放量高达5.9亿次。

2.3.2 短视频新闻文案写作

（1）强化标题写作

标题的创作是新闻写作的第一步，面对海量信息，标题是决定文章阅读量的关键。

①准确定位新闻受众。在制定短视频新闻标题时,一定要准确定位新闻受众,并根据受众群体确定标题风格。比如新京报书评周刊公众号的标题《流浪地球》:中国电影"科幻元年"是如何开启的?此公众号的受众以文学爱好者居多,标题突出科幻文学,精准把握读者心理,同时又切中了热点话题。

②要重视设置悬念,吸引眼球。作者要合理把握标题中的信息量,确保既能吸引受众,又能传播新闻信息。

③标题要简洁、清晰。新闻标题一定要简练,不能啰唆、有异议。如《我国成功使用长三甲火箭发射第 32 颗北斗导航卫星》,直观地描述出我国第 32 颗北斗导航卫星的成功发射,毫无异议。并且用词也非常精准。

④杜绝标题党。应当遵循题文相符和突出重点原则,准确把握新闻的主体内容并以生动贴切的词语表达主题,标题党只会让受众有上当受骗之感。

(2)注重语言表达创新

由于获取信息的渠道更加便利,受众范围也在不断拓宽,不同阶层、不同年龄的受众具有不同的理解能力、接受能力,在新闻写作上要适应不同的主流人群,选取不同新闻内容,在保证新闻可信度和真实性的前提下重视新闻趣味。为此,新闻写作者应灵活应用新闻语言技巧,设置悬念,吸引读者阅读兴趣。尤其是在网络语言流行的当下,新闻语言更要质朴、流畅,满足受众阅读需求,做到简短而不枯燥,新鲜而不浮躁,迅速而不仓促,生动而不媚俗,以平民化、故事化的写作手法增强新闻的可读性和亲和度,提升新闻的实用价值,起到正确的舆论导向作用。

①提升新闻语言的哲理性。普遍联系是马克思主义哲学中的概念,若要将这一观念应用到新闻写作中,则需要做到"反陌生化"。如联系受众熟悉的事物,拉近受众与新闻事实的距离,或者联系自然规律,提升语言的灵活性,在人物新闻、事件新闻的写作中加以应用。

②提升新闻语言的生动性。同时,还可利用符号增强新闻语言的情感。如"美国华纳时代在线终于拜了天地""昔日:农民掏钱干部去旅游 如今:政府出资农民去考察"分别应用了比喻、排比、对比手法,使新闻变得更加有趣、生动、活泼,最重要的是能吸引受众的注意。又如"积雪最深 10 cm! 河南这 5 地今晚有大雪""'110'为啥是救命号? 河南公布 8 起惊心动魄案例",这两个新闻标题应用了感叹号、引号、问号,有效增强了标题的感染力。

③增强新闻的艺术性。毕竟新闻写作也是一种文学艺术,而不是呆板地陈述事实。如新华社曾经发布的一篇新闻《"公私仓廪俱丰实"杜甫名诗今成真》,便应用了古诗词提升标题的艺术性。写作者也可应用修辞手法、符号、古诗词,

拍摄出优秀新闻作品。

(2)短视频新闻色彩与光线

色彩是画面的重要组成部分,可以增强新闻的感染力,引起观众情感上的共鸣。构图时,记者还可以巧妙地运用色彩强化新闻画面的视觉冲击力。例如,拍摄的视频画面昏暗部分占比较多时,可以在视频画面中增加黄色、橙色、红色这类明亮颜色的物体,使画面内容形成鲜明的对比,吸引用户的视线。

新闻短视频拍摄时还要考虑光源问题。光源根据光线的来源可以分为正面光、背侧光、侧光、侧逆光、逆光及顶光等,在新闻视频中,选择合适的光线,可以增加画面质感,从而更好地将现实环境还原出来。在拍摄视频时周围环境较昏暗,记者使用新闻灯光进行补光,可以有效增加画面冲击感。例如,很多新闻宣传片在拍摄时大量运用色彩光线表达主题思想,人物在一个比较昏暗的环境,突然光线暗下来,人物从昏暗的环境中走出来,受众极易被画面吸引。

(3)短视频新闻镜头运动方式

短视频新闻视频拍摄时,镜头的运用主要是"静""动"结合,新闻视频想要呈现出震撼的效果,就要合理把握镜头语言中"静""动"两种类型镜头的关系。

"静"是指固定镜头,是摄像设备借助三脚架等工具进行固定,拍摄清晰稳定的画面,不产生任何晃动。固定镜头所拍摄的画面,只有画面中的主体或要素进行移动、入画、出画,画面框架是保持不变的,固定镜头会给受众带来深沉、庄重、宁静的感觉。例如两会期间的新闻视频拍摄就可以使用固定镜头来表现会议的庄重和严肃。所以为了给受众带来更好的观看感受,记者需要将固定镜头合理运用在适合的新闻短视频中。

"动"是指运动镜头,新闻视频中常见的运动镜头有"推""拉""摇""移""跟""升""降"。"推"与"拉"是一对反向关系,强调的是景别大小的变化,由近及远或者由远及近,在视觉上是诠释整体与局部的关系。在突出、强调新闻现场的某个细节时可以采用推镜头,让受众的注意力集中在某一点上,起到强调的作用。摇和移主要是为了表现画面周围环境,给受众环视四周的感受。推、拉、摇是移的前提,摄像机采用整体的匀速移动可以给受众呈现出平稳的感受,采用急切且点播的方式能够给受众呈现出紧张的感觉。"推""拉""摇""移"还可以综合叠加使用,例如"拉摇""推摇""摇移"。跟是指摄像设备始终跟随处在运动状态的主体,并与被拍摄主体运动趋势一致。"升、降"镜头多用来展示新闻现场,例如拍摄城市面貌。移动的方式不同,对于受众理解新闻内容有很大的影响,所以在短视频新闻拍摄过程当中,摄影记者应当根据新闻要表达的重点来选择不同的摄影方式,再结合各类摄影稳定器,最终呈现出更具有质感的新闻画面。(表2-2)

表 2-2 镜头运动分析表(人民日报"2021 年天安门第一场升旗"短视频)

序号	镜头运动方式	内容
1	固定镜头	送国旗
2	跟镜头	正步走送国旗
3	跟镜头	正步走送国旗
4	固定镜头	士兵宣布:向国旗,敬礼
5	固定镜头	士兵举起礼兵枪
6	固定+升镜头	升国旗
7	升+移镜头	升国旗
8	固定镜头	敬礼
9	固定镜头	国旗

2.3.4 短视频新闻编辑

随着短视频的发展,用户观看短视频新闻时间的碎片化,短视频新闻后期编辑需要注意以下内容。

(1)剪辑线性叙事

传统的电视新闻视频是使用镜头来介绍新闻发生的时间、地点、人物、事件、原因的,新闻视频在后期编辑中就需要频繁切换镜头。但是,在现阶段,短视频新闻少量切换镜头的方式更能让用户获得良好的使用体验,使新闻叙事更加流畅、自然。

(2)现场声增强真实性

现场声主要包括同期声和新闻现场的环境声。在短视频新闻中,最能打动观众的往往就是真实的现场声,短视频由于片长限制,往往一两句关键性的同期就成为视频的亮点。尽可能多地在视频中运用现场声,同时,合理使用配音和配乐,有助于新闻事实的真实传达。音乐体现出的是制作者的感情,感情是一种主观能动性反应,所以,在音乐的使用上,一定要从新闻事实出发,遵循客观规律,切不可滥用。正确把握情绪渲染和新闻真实性的统一。

(3)背景音乐烘托气氛

传统的电视新闻中出现的声音一般是新闻稿件的配音或新闻内容的同期声。在短视频新闻中,除了配音和同期声,在后期编辑的过程中可以为新闻视频添加背景音乐,通过不同类型的音乐可以衬托新闻事件本身是严肃、沉重、紧张还是搞笑幽默的。在挑选背景音乐时多选择当下的热门音乐,热门音乐自带流量,短视频平台也会通过后台算法给予更多推荐和流量倾斜。

（4）字幕补充画面内容

短视频新闻添加字幕,对画面信息有强调、提示和说明的作用,能简明扼要且直截了当地将新闻内容的重点信息传达给用户。短视频新闻后期添加字幕时,还可以在重点地方变换字幕颜色,也可以和娱乐节目一样适当使用花字,增加新闻的可看性,如图2-5所示。

图2-5　现实版"龟兔赛跑"

课后拓展

全媒体新闻传播"水波纹"理论

国际传播界有个"水波纹"理论。该理论认为,一个事件的发生犹如投石入潭,媒介的报道应该像潭中的水波纹一样,一圈一圈荡漾开去,形成一个完整的报道体系。这一理论来自美国的道琼斯公司,他们的运作模式是这样的:某新闻事件发生后,道琼斯通讯社首发,提供第一次报道服务。然后,集团旗下的华尔街日报新闻网站、CNBC(美国消费者新闻与商业频道,道琼斯的新闻记者同时担任 CNBC 节目主持人)、道琼斯广播电台、《华尔街日报》等相继出场,展开侧重点不一的详细报道。以后,接力棒交到《财智月刊》等刊物手中,进行深度报道。最后,所有报道进入自己的商业数据库,向客户提供有偿检索。这样,同一新闻事件以不同的样式,在不同的媒体介质和栏目中被反复使用、传播,满足了受众不同层次的需求,也最大限度降低了边际生产成本,增强了综合效益,实现了对同一新闻题材全方位、多角度、最大化的利用。

互联网迅猛发展,这就对全媒体新闻报道提出了更高的要求。第一,利用全媒体的优势,充分挖掘多样新闻资讯。在信息技术的加持下,全媒体拥有更丰富多样的新闻来源和传播渠道。因此,全媒体新闻报道模式需要充分利用全媒体的信息来源和传播渠道方面的优势,做好新闻资讯的挖掘工作,确保获取一手的新闻素材,并发挥新闻工作者的专业性,从多角度开展针对性、创新性报道,提升受众对新闻的阅读兴趣,彰显新闻报道的价值[1]。第二,严格控制新闻报道的质量和水准。全媒体新闻报道模式的普及,使新闻报道的准入门槛降低,应有效控制新闻报道的质量,避免虚假新闻、低俗新闻、泛娱乐化新闻和商业软广在新闻报道中泛滥[2]。第三,提高新闻从业人员的专业素质。新闻从业者要从过往的文字、语音、图像、视频采编报道,更进一步地向信息技术、公众舆论、危机公关等方向转变。

在全媒体时代,我们必须思考如何挖掘庞大的受众人群中细分的、个性化的需求,并以此为依据设置不同的传播载体和终端,相对应地为不同层次、不同偏好的受众提供增值服务。这不仅是避免传播内容同质化的重要条件,也是增加媒体运营的重要手段。同一题材,不同传播渠道也都以不同形式、不同角度演绎,通过媒体中心统筹协调,使报道呈现出由浅到深、由简单到全面的层次感。

总结练习

本模块从全媒体新闻的传播特点出发,围绕全媒体新闻中典型的工作任务,图文新闻制作和短视频新闻制作展开。着重学习和掌握了图文新闻的策划选

---

[1]　胡智锋,王昕.全媒体传播中新闻报道的创新与突围:总台《新闻 1+1》《面对面》等节目疫情报道分析[J].电视研究,2020(6):14-17.

[2]　位伟锋.全媒体新闻报道模式的发展策略分析[J].新闻研究导刊,2022,13(8):137-139.

题、新闻文案的撰写，以及图文新闻的排版编辑常见技巧；短视频新闻的常见拍摄和编辑技巧，以及常见类型短视频新闻的文案特点。在知识学习和技能掌握的同时，也要注重坚持新闻的真实性，自觉遵守互联网网络规范，维护网络文明，坚持社会主义核心价值观引领正确舆论导向，做一个合格的新时代传媒人。

知识练习

1.全媒体新闻传播特点有哪些？

2.举例说说全媒体新闻的分发路径有哪些。

3.可以通过哪些方法寻找到"新闻点"？

4.短视频新闻拍摄常见的景别有：（　　）、（　　）、（　　）、（　　）和特写。

5.短视频新闻标题写作原则有哪些？

技能练习

1.为校园新闻发布一条微信公众号的推文，注意排版整洁、美观。

2.使用手机竖屏拍摄校园内部新近发生的趣闻趣事，并将其制作成短视频，发布在校园抖音账号中。

模块三│全媒体短视频策划与制作

模块导视

随着用户大量涌入短视频平台,以及用户对短视频应用依赖性的提高和营销价值的增长,短视频内容发展十分迅速,从2015年至2020年,年均增长率达到惊人的400%,尤其是5G技术的更新发展,短视频在未来将会有更大的市场规模。信息时代流量为王,这句话在短视频行业得到验证,形象而具体地呈现完整的故事是文字无法比拟的。

短视频巨大的流量吸引了众多创作者,2021年6月《中国网络版权产业发展报告》表明,我国网络市场产业已经突破一万亿大关,短视频用户达到8.73亿。可以预见在未来这一数字将继续扩大,行业的不断发展,信息技术的不断进步,将会为人们带来更好的体验。

学有所获

本章围绕短视频策划创意以及拍摄编辑等相关知识和技能进行学习。学生能理解全媒体短视频的策划创意步骤,掌握常见类型短视频的特点,能根据策划使用拍摄器材进行短视频素材拍摄采集,并运用常见编辑软件对视频素材进行有效编辑。在创作过程中,能提升图像、视频等素材的信息收集和分析能力;提升信息安全意识、版权意识,树立正确的创作观,传递积极的价值观。同时,要理解短视频创作不能依靠个人能力来完成,高质量视频更需要团队协作来完成。

课程思政

从发展之初到现在,短视频已超越一般的娱乐休闲项目,逐渐发展成为一种全民生产、参与、共享的文化现象,它的火爆一方面极大丰富了民间群体的艺术审美水平和精神文化,另一方面也影响了一代人的人生观、价值观,短视频平台从混乱无序逐渐步入正轨。短视频改变了传统的信息传播方式,将信息进一步可视化,将视频碎片化。短视频对世界的影响是巨大的,其吸引着越来越多的人进军短视频行业。而在未来的发展中,还需要传播者、受众、短视频平台管理者三者共同协作,进一步推动短视频平台的发展,促进相关的法律法规早日完善,使短视频平台成为信息传播的重要载体,在进一步发展的过程中,能承担起更多的责任,推动我国科技、文化的进步。

任务3.1　短视频脚本策划与撰写

短视频制作需要经历5个基本步骤：确定选题、撰写脚本、素材拍摄、后期制作、上线投放，其中"撰写脚本"是关键，它是对前面步骤选题的具体呈现，也是后面步骤的原始蓝本。"内容就是王道"是短视频从业者的共识，短视频账号只有产出优质且富有创意的内容，才能获得用户的认可和关注，为打造具有商业价值的IP打下坚实基础。

3.1.1　短视频脚本策划

短视频脚本策划要思考以下四个核心要素：原创内容、创意点以及是否能在视频时长内吸引人看完，并引发点赞关注和评论转发等。一个视频只有有良好的播放率，才能得到平台最大的推荐曝光。平台的推荐机制大概如下：完播率＞点赞＞评论＞转发，只要能完整播放，点赞、评论、转发的数据也会同步增长。短视频可以是休闲娱乐，也可以是技能分享，同时也能进行知识分享，还是生活交流平台，那我们要从哪些方面入手来进行短视频脚本策划呢？

（1）短视频内容定位

做好短视频，首先要做的是短视频内容定位，以便于后期的转化和变现。做好了短视频的内容定位，能让用户看到你的视频对你有深刻的印象，也能够迅速记住你的视频作品，这就是定位的目的。做好了短视频内容定位，第一点就是能让用户记住你的短视频账号，能和别人有明显的区分，以便于在用户心中形成清晰认知和标签，给粉丝一个记住我们、关注我们和喜欢我们的理由，这对后期的短视频运营很有帮助。

①主题定位。首先，在定位短视频内容时，可以先考虑主题IP，也就是需要做什么领域的内容。比如说"三农"、影视剧推荐、搞笑配音、美食、宠物、美妆等。选定好了领域之后，其实还可以细分一下，比如美食领域可以细分成美食制作、美食探店、美食测评等，又或者是做家常菜、精致早餐、饼干、面包等，还可以是做动漫美食、影视剧中出现的美食、古代美食等。

其次，我们可以通过很多平台、网站等手段获取大量信息，从中收集整理适合自己兴趣特点的主题内容，作为短视频创意脚本的原始素材信息。要选取热门内容和可持续挖掘的内容。我们可以从微博、知乎、百度等不同平台收集和整理热门内容。热门内容流量基础大、性价比高。热点是最好的爆款选题，自带流量。热点事件大背景和性质已经确定，不需要再投入大量精力去调查，只需思考事件切入的角度，关注点在哪里流量就在哪里。在热点的关注和挖掘中我们要注意对热点事件的切入点，把握正确的舆论导向。

确定核心价值是短视频内容定位的关键。只有为用户创造价值，提供优质的内容，才能成为有价值的短视频账号。例如，政务平台的短视频账号，核心价值就是能够满足用户对权威信息的及时有效掌握；娱乐类短视频账号，要让用户从紧张的工作和生活间隙中得到暂时的放松；网红类短视频账号，核心价值在于独特的人格魅力，包括温暖治愈的微笑、清新姣好的面容、真诚的个性等。

②人物定位。定位短视频内容中的人物 IP，其实可以简单地理解为人设的定位，适用于真人出镜的短视频，人设定位准确，对吸引流量和粉丝都是非常具有帮助的，也容易催生账号流量 IP，换句话说就是更容易获得网红效应。

在大多数用户的心里，官方媒体往往自带权威光环，并且严肃刻板，这一认知虽然可以让官方媒体的发声极有分量，但是同时，也让大多数用户和官方媒体产生距离感。各大官方媒体开始探索新的传播方式和风格，变得"接地气"起来。最近几年，央视、新华网、警察部门、中国消防都在以各种各样的方式打破人们对官媒的刻板印象，寻求出圈。这些账号赢得了很多用户喜爱，且影响力还在不断扩大。央视变化连连，早已不再是我们熟知的那个刻板的官媒形象。央视直播"监工"火神山建设，央视主播下场直播带货，央视各大官方账号入驻 B 站，拥抱年轻用户。

为自己树立鲜明的人设，让官方账号更加人格化、亲民化，和网友更亲近地互动起来，提高了粉丝黏性和官媒的影响力。比如同样靠借势热点出圈的政务媒体还有海南禁毒民警，他们在周杰伦歌曲《Mojito》发布后，借助歌曲热度，发布了禁毒版《Mojito》，将禁毒的理念通过视频传播出去。截至目前，视频已经收获超千万次播放。在新媒体时代，政务媒体不断尝试不同平台与阵地，以媒体融合的形式，实现全媒体内容能量和价值的输出。微博、B 站、抖音、快手等年轻人聚集的社群场所，都成为他们的传播阵地。在全媒体语境中为官方发声，传播更多正能量内容，进一步丰富新媒体时代的图文、短视频内容生态。

(2)短视频用户定位

短视频的内容是根据我们目标客户群体来定位和制作的，不同的客户群体喜欢不同的内容，不同的内容会吸引不同的客户群体，我们要清醒地认识到短视频内容所面对的用户是否是目标用户。要确定目标用户可以从以下几点来思考：

①确定目标用户——用户建模。不同的短视频账号针对的用户肯定是不一样的。男性、女性、上班族、美食、宠物、旅游等各个主题都有他们的受众群体，分

析出自己品牌或者 IP 的受众群体自然就能快速确定目标用户,之后的短视频围绕目标用户进行打造。用户建模,简单来说就是进行用户分类并进行用户分析,以达到差异化区分。

常用的用户属性有:

行为特征:用户进行的某种行为,如活跃度、使用时间、时长、某种特定的操作之类。

身份特征:基于用户本身自带的属性,如性别、地区、学历、城市维度、婚育情况等。

渠道属性:基于用户来源来判定的属性,常见的渠道有百度、地推、移动广告等。

敏感度属性:基于用户心理的一种属性判断,如价格敏感型、服务敏感型等。

做好用户分类之后,我们就知道每个用户类别的特征和需求是什么了,接下来就要结合业务的需求,给用户规划好成长的路径,结合用户需求和业务的需求,去规划好在满足用户需求的基础上实现业务诉求的路径。

②企业的品牌特征/个人 IP 特色。不同的企业的品牌风格是多样的,展现出来的品牌调性风格都各有特色,个人 IP 亦是如此,文艺、清新、搞笑、朴实、正能量都可以成为账号的特色,都可以加以定位,附着在短视频的品牌调性上,让人一眼就能看清楚,同时目标用户也和品牌特征有共同性。

③定位需要有一定的独特性。普通并且模糊的定位等于没有定位,定位一定要有独特性。优质的账号内容透露出的细节各不相同,虽然很难一一总结举例或概括,但十分具有辨识度。甚至这些账号除了提供主要的内容价值,还会提供附加的情感价值,让用户觉得他们就是与众不同、无可替代,并持续输出质量优良的创作内容,这样粉丝黏性自然就强了。

总之,在短视频策划中,我们需要分析目标用户,展示品牌特性,但一定要着重打造独特性,这才是你的账号在众多短视频账号中脱颖而出的根本。同时,记得赋予账号一些附加价值,这个附加价值可以是人设,或者倡导的价值观,让这些附加价值增加账号的辨识度,让定位更加准确。

(3)短视频的垂直性

短视频的垂直性也就是短视频内容需要保持同一个风格特点,持续不断地生产。内容统一是相当重要的,包含内容形式、内容题材、人设风格、影像风格、造型风格等多个维度。在尽可能多的维度做到统一,可以使账号定位更加清晰,显著提高涨粉效率。

杂乱的内容让观众难以对账号主题产生稳定的情感投射,也就使得账号无法快速增粉。因此,在早期脚本策划时,要考虑短视频内容是否能够持续输出,在长时间里有足够的选题策划点可以满足视频内容围绕定位不断更新。短视频内容形式在策划时更多从影像和造型角度把关,确保整体视觉风格上的统一。例如,一款美食类账号定位为招牌菜在家吃,用最简单易学的方法教你做美食。它不仅从内容上考虑垂直性,在视频形式上也做到风格统一。(图3-1)

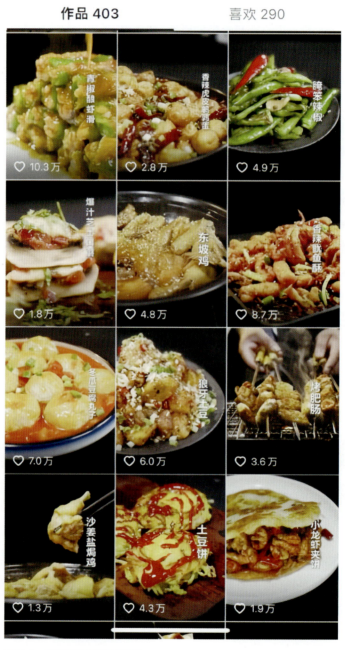

图3-1　美食类内容垂直性

(4)短视频的创意类型

短视频创意需要灵感,更加依托于生活观察,观察中分类汇总,更有利于内容具象化,我们要掌握常见的短视频创意类型,以便为下一步短视频策划奠定策划方向并积累一定的策划素材。

①"草根"幽默型。从"草根"成长起来的账号博主往往以其网红形象在互联网上具有较高的认知度,其内容制作贴近生活,轻松幽默。庞大的粉丝基数和用户黏性背后潜藏着巨大的商业价值。面对传统传播媒介上单纯的硬性广告,用户一般会有抵触心理,因而较难实现其深度说服价值。移动短视频以泛娱乐化的故事呈现为主,通过搞笑逗趣的剧情被大部分受众所认可并喜欢。产品信息或者企业理念能够以不知不觉的形式获取受众的熟悉度和认同感,从而为实现用户转化,获得更多的商业效益提供了良好基础。

②情景短剧型。情景短剧型短视频是指创作者通过短视频平台,公开发布的由本人或团队原创、富有戏剧色彩的、时长较短的视频类型。此类视频具有较高的独创性,因为此类视频的素材往往由创作者自行拍摄,创作者根据其表达愿望,通过对素材的分析、选择、加工后,以一种艺术化的编排方式,将创作者的生活感悟等组织成有思想表达的统一整体。此类视频通常以悬疑故事、创意故事为主摄制短剧,在几十秒到十几分钟的时长内用引人入胜的剧情和出人意料的结局反转让受众能够快速融入剧情,这类情景剧在互联网上有非常广泛的传播热度。我们可将"情景短剧"分为三类,即长篇连续短剧、短篇连续短剧与不连续短剧。

长篇连续短剧,与之类似的是观众最常在电视上看到的连续剧类型。这类视频通常改编自网络小说,每集时长为 3 至 5 分钟,总集数不设上限,以一条主线贯穿始终,每集设有明显冲突。短篇连续短剧的每集时长同样为 3 至 5 分钟,单个故事通常在三集之内完结,长篇连续短剧设有多个矛盾,层次递进,相互嵌套。

短篇连续短剧设置一个矛盾,讲述这个矛盾是如何产生并化解的。此类视频的创作者代表有"叶公子"和"魔女月野"等团队。在文本中,如果说长篇连续短剧是长篇小说的话,那短篇连续短剧就代表短篇小说;在影像中,如果说长篇连续短剧是电影的话,那么短篇连续短剧则是短片的化身。

不连续短剧的单集时长通常为 3 至 5 分钟,时间虽短,但故事情节完整,跌宕起伏。以抖音"奇妙博物馆"创作团队为例,其从多个角度观察社会现状,通过艺术化的处理,在内容与视听上逐渐成为专业的原创短片。除了素人团队,很多明星也进军网络原创短视频领域。2020 年春节期间,徐峥团队在抖音平台推出贺岁片《囧妈》,作为知名导演专业团队的首部短视频平台播放的贺岁片,该片获得了一致好评。

③才艺展示型。才艺展示型短视频虽然细分类型众多,但总结起来都是创作者凭借展示主播的个人才艺、特长、才华等出众的个人技能,来赚取点击量。通常有分享自己的歌唱、舞蹈、做饭、化妆、运动健身甚至职场经验等类型,靠着受众的个人喜好和兴趣点吸引垂直用户的关注。由于其受众粉丝的垂直度与对主播的信赖度较高,这类短视频账号的变现能力是非常强的,是不少品牌厂商利用全媒体短视频热潮植入全媒体原生广告的一种选择方式。

才艺展示型短视频中还有比较特殊的一类,即"萌宠类"。该类短视频主角是动物萌宠,但视频内容的策划和制作却对视频博主有着极高的要求,亮点不仅仅在于萌宠可爱的外形,更在于视频策划者赋予萌宠的想法和性格。例如以一只哈士奇的视角来展示自己和主人的日常生活,配上有趣的剧情、剪辑、解说。

美食制作才艺展示短视频主要以制作或品尝独特的食物来赚取点击量。以"李子柒"的账号为例,李子柒打破了美食类短视频的固有边界,将食物的种植、采摘和烹制作为视频的主要内容,并在其中加入大量中国传统文化元素,采用无声语言的方式来叙事,形成了自己鲜明的特征,吸引了大量的长期受众。她不仅体现了自身的价值,还将中国传统文化普及到了海外。"品尝美食类"以"浪味仙"的账号为例,主播靠着吞咽大量的食物博得流量,以独树一帜的吃播风格吸引受众。

时尚美妆类短视频可以分为美妆和仿妆。美妆类主要以日常护肤、妆容的教学为传播内容,在收获粉丝的同时也可通过"带货"实现盈利,具有一定的专业知识与技能。仿妆类短视频的主要内容是模仿明星妆容、影视角色妆容。这类短视频获得了巨大的流量,收获了通过投放广告带来的经济效益。随着短视频的蓬勃发展,现在也有不少的配方专家、资深化妆师投入了短视频行业,不少国货品牌、国际大牌都将抖音、小红书等短视频平台作为广告宣发的重要投放点。

④街头采访型。街头采访型短视频是目前不少短视频创作者青睐的一个形式,其制作流程简单,话题性强,深受都市年轻群体的喜爱。只要选题有趣、内容真实、采访方式或采访者有鲜明的个人记号,那么街头采访型短视频也容易积累忠实粉丝。

⑤知识科普型。知识科普型短视频实现了科学知识从静态到动态、从无声到有声的融合转变,加快了科普信息化进程。有主讲人讲解的方式:专业人士通过录制课件或出镜直播方式向公众介绍本专业相关科学知识。有实景拍摄的方

式：通过对知识成果及其演变过程进行实景拍摄，用真实、生动的画面展示科学的生命力和创造性，营造一种亲民的空间氛围，给人一种身临其境的感受，在潜移默化中理解其中的科学道理。如通过实验、手工制作等形式的实景拍摄，生动地展示各种奇妙的科学现象。有动画视频的方式：动画视频画面直观，寓教于乐，因此颇受公众欢迎。

⑥创意剪辑型。创意剪辑型短视频大致可以分为介绍类、娱乐类和评论类。介绍类以电影电视解说为典型代表，对原作品进行归纳、介绍，视频素材主要来源于原作品；娱乐类主要是利用对原作品的改编使受众感到愉悦，追求幽默效果，比如以《甄嬛传》角色配音二次创作的"淮秀帮"就属于这一类；评论类则以戏仿视频为典型代表，利用原作品的部分要素，添加评论者的个性化内容，对原作品的内容或艺术风格进行评论，以达到对原作品评价或致敬的目的。这类短视频原创摄制的作品较少，且一条爆款短视频出现后跟风者众多，真正具有原创能力的技术流达人也不是很多，千篇一律的套路会加速受众审美疲劳。

创意剪辑型短视频通常也称为"技术流短视频"。这类短视频目前主要的创作形式是利用已有的影视片段、音乐作品等素材，基于剪辑功能进行二次创作，再结合独特的创意灵感。比如，加入解说、评论等元素，剪辑出或精美震撼，或搞笑"鬼畜"的创意短视频。它的表现特征与互联网的碎片化文化较一致，所以在国内视频网站和社交媒体上逐渐兴起，是一个充满活力的新生事物。

⑦微纪录片型。在全媒体时代，纪录片的制作不再受技术、资金以及体制的限制，每个人都是信息的接受者、传播者、创造者、记录者，每个人都可以根据自己的意愿记录生活中的任意瞬间和细节，这使微纪录片的选题内容呈现出多元化特征。对于微纪录片的长度有很多说法，没有统一的界定标准。因为时间较短，还要展现完整的结构或情节，所以微纪录片的叙事风格明快简洁，焦点集中，主题比较单一，表现对象也比较简单。因此，我们看到的绝大部分微纪录片叙事比较直接，不会铺陈悬念，而是直奔主题，故事结构简明、清晰，整个纪录片仅展现一个主题。在影像语言技巧方面，微纪录片可能没有传统纪录片那么成熟，但微纪录片的表达方式更大胆，个性化气息更浓郁。与传统纪录片的宏观叙事和全知视角不同，很多微纪录片的着眼点是生活在社会底层的小人物、普通人，叙事视角呈现出明显的平民化特征。很多微纪录片都是从微观视角入手，利用小人物、小事件反映大的主题和精神，即于细微处见精神。"一条""二更"是国内较早出现的短视频制作团队，其内容形式多数以纪录片的形式呈现，内容制作精良，其成功的渠道运营优先开启了短视频变现的商业模式，被各大资本争相追逐。还有很多微纪录片作品并没有走进大众的视野，只在特定受众群体或网民

中流传,但其记录对象更是丰富多样,选题内容也更加纷杂。

作为国民级的短视频平台,越来越多的人通过抖音不断探索影像艺术,"抖音追剧"热潮的背后,是短视频行业对传统影像行业的冲击。在互联网时代,随着科技的不断发展,用户需求呈现更为多元化的趋势。满足时代发展要求,迎合受众需求,创作出符合时代要求的高质量影像作品,是视频创作者的新课题。字节跳动官方还推出了《"中视频"伙伴计划》。"抖音"联合"西瓜视频"和"今日头条"等多个门户App,创作者通过这个计划发视频时长在1分钟以上的横版视频即可,通过发布视频创作者即可获抖音和西瓜的播放收益。这相当于创作者自编了一档综艺节目、影视短剧或者知识栏目,可保持长期收益,还可以扩大受众面。

要原创一个短视频,创作者可以从自己的兴趣爱好、个性特点、营销策略等方面出发,从多个角度去策划和制作。不一定要追求有剧情的视频,只要能够表达出内容核心价值,各种展示形式都是有人看的。除了以上形式,还有动漫形式、对白形式的短视频。

制作短视频,最难的是内容素材与策划方向,更重要的是坚持二字。短视频只要是优质而且有创意的视频,很容易收到受众的"点赞",重点是做出自己的风格。短视频由于时长较短、内容容量小的特点,脚本撰写没有影视剧剧本复杂,周期也比较短。短视频脚本主题确定之后,要完成脚本的具体撰写。

3.1.2 短视频脚本撰写

在确定好拍摄主题之后,内容创作者就可以确保后续的拍摄内容不会出现太大偏差,避免拖慢工作进度,同时也可以继续规划内容框架。接下来,我们就要完成短视频脚本的具体撰写。短视频脚本可以说是短视频拍摄剪辑的一个"依据"。短视频脚本内容包括镜头、拍摄手法、时长、画面、解说(文案)、音乐等。

(1)规划内容提纲

规划内容框架的主要工作是要想好通过什么内容细节以及表现方式展现短视频的主题,包括人物、场景、事件以及转折点等,并对此做出一个详细的规划。我们以一般带一定剧情的短视频为例,来规划内容提纲。

①开场白。可以是与观众打招呼,或者自我介绍的形式,也可以是一段具有个人特色的口播,也就是专属于你自己的风格。例如:我是papi酱,一个集美貌与才华于一身的女子。开场白的类型很多,目前运用常见的有:叙事型,句式如:事情是这样的……;揭秘爆料型,句式如:那些别人家的孩子绝对不会告诉你的

学习秘诀;制造悬念型,句式如:我花了30万元装修,结果⋯⋯;假设型,句式如:如果你高考落榜,你会怎么办;对比型,句式如:月薪3000元和月薪3万元的生活;等等。这里就不一一列举了。总之,开场白的功能就是在短视频播放的第一时间抓住目标受众的核心关注点,提升短视频的完播率。

②话题引入。可以使用举例子、设悬念等方式,告诉用户本视频的主题。这一部分需要做到开门见山,快速切入正题,视频内容不需要冗长的前奏和铺垫。开场白过后,就可以立即表明本期的主题,引起观众的兴趣点。开头过于啰唆,会让粉丝过早关闭视频,从而影响视频的收益和后续的推荐。例如:浴室装修三不装,谨记这5点防坑。受众会在头脑里形成5点防坑的期待,继续看下去的概率会更高。

③叙述分析。可以按照逻辑顺序在一个大的主题下层层递进地展开,也可以将大主题结构拆分为2~3个子主题进行论述。例如:浴室装修三不装,谨记这5点防坑。子主题可以理解为小知识点:第一,不装隔水挡板;第二,不装直排下水管;第三,不装壁挂马桶。每一个小知识点中又可以包含1~2个防坑技巧。这是视频最具有信息量的一部分,也是视频最具有竞争力的内容,注意一定要保证文案的原创性,还要做到逻辑清晰,重点突出。

④结束语。可适当升华主题+呼吁观众转发、评论、关注自己。

粉丝关注不仅可以提升视频的收益,还可以提升视频后续的推荐量,以及推送人群的精准度,所以在视频的结尾可以适当升华主题之后,再加一段引导关注的口播。比如:喜欢我的视频可以关注我,下期视频会与大家分享更多精彩的内容。

⑤脚本撰写注意事项。语言内容口语化:短视频脚本里的每句话都要做到口语化,在写的时候就想象成跟观众在对话,把拗口的书面化的文字,改成通俗易懂的口语。内容编排紧凑:短视频虽然短,但是信息量大,观众的习惯一般是希望在较短的时间内,看到最精彩的内容。所以尽可能地充分利用短视频的每一秒钟,在前3~5秒钟能牢牢抓住目标受众,在叙述分析部分有原创内容的干货。

总之,短视频脚本撰写需要提前构思好内容提纲,这样可以帮助我们在接下来的内容细节上充分发挥,不至于写跑题,让最后的成片接近预期,突出主题亮点,制作出优质的作品。

(2)撰写脚本文案

在规划好内容框架之后,就需要内容创作者填充更多的细节内容。短视频内容提纲已经给了我们一个清晰的内容制作方向,那么现在就来进一步细化落地内容细节。我们以一个案例来进行说明。

①案例：健身能改变命运。

文案长度：100～300个字。时长：30秒。

开场白：你知道坚持健身四年后，人生会发生什么样的变化吗？

话题引入：在工作、社交、生活中，我逐渐发现了健身的重要性。曾经，在别人眼里我就是一个平凡且身体羸弱的学生，为了追求苗条各种节食、吃药。直到有一天在沙滩跟一群人打排球，直接被球砸趴下，非常丢脸。

叙述分析：开始尝试健身，用各种方式去健身，从而改变了自己。提出问题的解决方案：我开始质疑什么是真正的美。于是，我把那周打工的工资都交给了健身房的私教。从此跟健身房谈了四年半的"恋爱"。为了健身，我减少无效社交，每天早睡早起，开始大口吃饭，学会拥抱自然，在烈日下不打伞。于是神奇的事情发生了，我变得坚韧强大、自信满满，学会了不说不可能。在跟自己身体和意志力的交往中，我发现我可以战胜一切困难，我不再矫情，遇事不再后退。学潜水、冲浪和网球，拿看电视剧和打游戏的时间去探索这个世界。自学剪辑，把自己的生活拍成影片，变成了现在的"硬核"旅行博主。

结束语：健身教会我自律，长得漂亮是优势，活得漂亮才是本事。我是×××，让我带你探索这个世界吧。

②撰写分镜头脚本。分镜头脚本非常适用于故事性强的短视频，相当于整个视频的制作说明书，是把视频情节、画面以文字的形式进行镜头拆解，分镜头脚本可以在拍摄时指导拍摄团队，在什么画面、花多少时间、用什么拍摄手法进行拍摄。后期制作阶段，剪辑师和配音师也可以通过分镜头脚本知道什么地方放什么内容，怎么衔接、怎么配 BGM 等。分镜头脚本包括镜号、画面内容、景别、拍摄技法、镜头时长、机位、音效、音乐等。具体内容会在短视频拍摄中详细阐述。(表3-1)

表3-1　分镜头脚本

镜头	拍摄手法	时长	画面	对白/解说	音乐	备注

镜号:透镜按顺序排列,数字标记。这是一个特定镜头的代号。摄影时不一定要按顺序号拍摄,编辑时一定要按顺序号编辑。

景别:包括远景、全景、中景、近景、特写,能够依据内容、情节反映整体或突出局部。

技法:相机镜头在拍摄过程中的推、拉、摇、移、跟等运动技巧,与镜头画面的结合技巧,与镜头间的拼接技巧,如切、淡、淡出、叠等。一般而言,分镜头脚本中的提示栏中仅仅表示镜头的组合提示。

时间长度:通常以秒为单位的镜头画面的长度。

画面内容:以文字叙述所拍摄的具体画面。

音乐音效:标明音乐内容和起始位置,有特殊音效的需要标注。

（3）节奏呈现

一部吸引人的小说,需要起承转合,一般会经历:叙述→产生矛盾→解决矛盾→收尾,是一种节奏设计。那些在朋友圈刷屏的推文都有巧妙的节奏设计,而短视频和它们一样也需要节奏设计。视频节奏呈现方式也是脚本创意的关键,下面推荐 3 个最为常用的短视频节奏呈现方式。

①393 节奏(也叫黄金 3 秒法则)。如果一个视频只有 15 秒,那么我们可以将其分为 3 段,长度分别为 3 秒、9 秒、3 秒,而这 3 段要描述的重点不同。

3 秒——通常一个有吸引力的标题,一般在 3 秒内可以讲完。

9 秒——对选题内容进行描述,视频长度不同,描述时长也会不同。

3 秒——对内容进行总结和引导关注,最后 3 秒通常用来介绍自己并引导关注。

口播类短视频往往形式比较单一,所以需要吸引人的开场和文案描述。"393 节奏"非常适合口播类、知识类短视频内容,但同时也对文案脚本创作有较高要求。

②369 节奏(3 段式)。在一个视频作品中,要想办法设计出 3 个情节反转,也就是 3 次情节冲突,这样能保持观看者有比较高的注意力。

3 秒——第一个带有反差的内容出现,观看者情绪轻微波动。

6 秒——第二个带有反差的内容出现,观看者情绪开始有起伏。

9 秒——第三个带有反差的内容出现,观看者情绪有强烈的变化。

娱乐感极强的剧情、搞笑段子、剧场类的短视频非常适合这类"369 节奏"。

③39 节奏(2 段式)。在视频中设计两个情节反转。

3 秒——第一个带有反差的内容出现,吸引注意力,观看者情绪被吊起。

9 秒——第二个反差点出现,紧扣第一个反差,观看者情绪被释放。

"39节奏"对故事的真实性要求高于"369节奏",并且比较强调2个反转之间的联系,比较适合剧场类和故事类的短视频。

（4）场景呈现

在短视频内容中,通常把具体的场景作为道具使用,包括城市外景、室内场景搭建和现有场景3种类型。

①城市外景。城市外景在短视频的视觉呈现上能给用户带来开阔、真实和极具代入感的观看体验,更能覆盖到该城市、周围城市的大量人群及潜在外地游客。例如抖音账号"不齐舞团"就选择重庆的城市地标来拍摄自己的短视频,既具备独特的辨识度,又能通过城市背景加深账号的人设,扩大账号的影响力。

②室内场景搭建。根据账号和人设的定位进行室内场景搭建,其优势在于主动权更高,能结合账号和人设定位、剧情需要创造出更符合该条视频内容呈现的场景。例如抖音账号"仙女酵母"的定位风格是不食人间烟火且充满距离感,因此通过繁复的巴洛克式花纹、精致妆容、高级滤镜等手段使场景显得更加精美,让用户更有代入感。尽管精美的场景能让用户产生新奇的观感,但要注意切勿过分堆砌,以免用户产生视觉疲劳,要不断提高短视频的内容质量。

③现有场景。以现有场景作为视频背景进行拍摄的最大优势是能节约拍摄成本、引发用户评论、帮助用户更好地聚焦于视频内容和剧情发展。例如抖音账号"多余和毛毛姐"这类多利用现有场景(学校教室、自己公司),通过一张纸表明地点,形成本人鲜明独特的风格,在抖音短视频中备受用户追捧。

符合剧情需要和人设要求的场景道具并不是千篇一律的,只要根据脚本内容选择适合剧情展现的场景与道具,都能产出受到用户认可的优质短视频。

（5）互动设置

在短视频中借助评论互动引流"张粉"是内容创作者们常用的一种手法。对于大多数用户来说,短视频中的各种"评论"也是吸引用户观看浏览,进行积极互动的重要因素。内容创作者积极与粉丝和用户进行互动,可以形成优质的互动氛围,有助于提高账号的活跃度。而回复评论或者提出问题和话题,也能增加账号的亲和力,并提升用户的参与感。因此,在短视频脚本内容的撰写中要考虑运用话题性,让互动评论区有话题可聊。

评论互动不仅能提高用户黏性,更能在短时间内刺激推荐量的增长。例如抖音账号"铲屎官阿程"作为一个萌宠类科普账号,善于解决用户痛点,针对评论区里的问题给出专业且风趣幽默的回答,几乎是有求必应、有问必答,在强化IP专业度的情况下让粉丝产生强烈的依赖感。巧妙地在评论区设置提问,也能引起粉丝互动。例如,"好的乳酸菌能让猫咪更健康,有推荐吗?""你曾经养过的宠物有特别的名字吗？请你把它的名字写在评论区里,致我们曾经逝去的美好"等,这些文案可以直接引导粉丝在评论区中自发评论和留言,内容创作者可以选择其中一些热评和有趣的评论进行回复,从而引来更多的互动,获得更高的人气。

(6)悬念设置

悬念设置指的是短视频创作者对内容的策划出其不意,令人印象深刻。悬念式的短视频内容可以借助悬念引爆关注,使账号的收益达到最大。通常创作短视频内容,制造悬念就是要提炼一到两个核心,根据进度慢慢"抖包袱",即所有内容不会一次讲述完,而是说一半留一半。简单来说,悬念是从设疑到推疑最后到解疑的策略构思过程,制造悬念就是要出其不意,未谋其面,先闻其声,甚至可以在短片结尾仍保留悬念,或保留开放式结局。靠着这个风格成功突破流量池的抖音账号"梅尼耶"算是熟练掌握了这个"流量密码"。创作者要在短视频内容中制造悬念主要分为 3 个阶段。

①设疑。设置疑点,吸引用户关注,切记不要过早点明结局。所谓悬念,就是让一些神秘的内容悬而未决,否则一旦神秘的面纱被揭开,就起不到吸引用户的作用了。

②推疑。充分重视用户的感受,并根据用户的期待设计内容情节,旨在充分发挥用户的主观能动性,从而提高用户对短视频内容的关注度。

③解疑。不断深化冲突,在故事情节的悬念推向最高潮时揭示真相。悬念越新奇,就越能引起用户的注意。

虽然制造悬念难,要能够不断深化冲突更难,但做到悬念层层递进,就能显著提高吸引用户的成功率,这不失为打造爆款短视频的一种途径。

(7)热点设置

在做短视频内容的选题时,还存在一种可以迅速成为爆款的方法,那就是"热点设置",也可以称为"借势热点"。热点主要包括热点事件和热点人物两种,需要注意的是,借势热点是为选题服务的,选题一定要和热点有关联,而且热点内容还需要与自己的账号定位或属性一致,否则会得不偿失,引起用户的反感。例如,某个热点是社会事件,而自己的账号定位是美食,那么硬要"蹭热度",就毫无意义。

总之,热点设置需要考虑方式方法,而高明的短视频运营者,能将热点和自己的短视频内容结合得天衣无缝,用户甚至察觉不出来该内容是在借势热点。

任务3.2 短视频拍摄

短视频作为当代媒体传播的流行载体,其本质上还是要具有叙事的功能,优秀的短视频作品,同样需要具备电影、电视等传统媒体的精华,那就是镜头语言。在大量的短视频作品扎堆的社交平台上,具有专业镜头语言的作品更容易受到大众的好评,随着越来越多的专业人士进入短视频赛道,大众欣赏的胃口也被极大地调动起来。不少原创的优质作品都具有熟练的镜头语言把控。

3.2.1 镜头景别

景别是指画面拍摄时,被摄主体在画面中大小的关系,往往是拍摄者主观表达的意图,是控制画面叙事节奏和视觉效果的重要手段。根据景距、视角的不同,一般分为远景、全景、中景、中近景、近景、特写、大特写等。下面以短视频广告为例看一看各种景别的划分和实际运用。

(1)远景

深远的镜头景观,人物在画面中只占有很小位置。广义的远景基于景距的不同,又可分为大远景、远景、小远景(一说为半远景)三个层次。远景的画面凸显出人物与环境的空间关联,比如,一个人在海边行走,这样比较方便介绍一个人物的出场,或者突出视觉上的戏剧感。大远景是指极端遥远的镜头景观,人物小如蚂蚁。这样的画面,较好地呈现出场景的大气磅礴,一般可以用于有宏大叙事的开头或者结尾。旅拍 Vlog(视频记录)也经常用到大远景的画面,可以配合无人机拍摄。比如沙漠、冰川、峡谷这样的壮观景色,配上张扬震撼的音乐,极具吸引力,会为你的作品增色不少。(图3-2)

图3-2 远景

（2）全景

摄取人物全身或较小场景全貌的影视画面，相当于话剧、歌舞剧场"舞台框"内的景观。在全景中可以看清人物动作和所处的环境。这个景别较远景而言，更加注重对人物出场的强调，暗示主角关系，是控制视频节奏感的重要手段。小全景处于比全景小得多，又保持相对完整的规格。这样比较适合表现人物的全貌，交代人物的身份、性格特征。（图3-3）

图3-3 全景

（3）中景

俗称"七分像"，指摄取人物小腿以上部分的镜头，或用来拍摄与此相当的场景的镜头，是视频拍摄中的常用景别，既能很好地展现人物的动势，又能体现人物的环境特征，这里用的是逆光的中景，表现人物形态轮廓，也比较适合双人场景。尤其是目前手机的视频平台的飞速发展后，竖屏构图变得更加流行，中景越来越普及。（图3-4）

图3-4 中景

（4）近景

指摄取人物胸部以上的画面,有时也用于表现景物的某一局部。近景有利于突出人物的情绪或者事物的局部特征,这是视频节奏加快的手段。介于中景和近景之间的中近景俗称"半身像",指腰部以上部分的景别。半身构图,能很好地呈现人物的上半身特征,比如衣物的全貌,或者提包等配饰,这样有利于突显人物的身份和性格特征。(图3-5)

图3-5　近景

（5）特写

指摄影、摄像机在很近距离内摄取对象。通常以人体肩部以上的头像为取景参照,突出强调人体的某个局部,或相应的物件细节、景物细节等。特写画面相对于近景画面看,更注重对人物清晰的强调和深化,在剧中往往有刻意暗示某种意思的作用,类似于书写文字中标注的重点符号。(图3-6)

图3-6　特写

（6）大特写

又称"细部特写"，指突出头像的局部，或身体、物体的某一细部，如眉毛、嘴唇、眼睛等。这是影视表达中设置悬念最佳的手段，往往用来埋伏笔，强调突出局部，戏剧性色彩浓厚。（图3-7）

图3-7　大特写

3.2.2　镜头运动

视频画面可以很好地表现主客观镜头，有着一系列成熟的拍摄技法，可以分为静态画面和动态画面。静态画面，可以相对客观地表现人物和事物，给人平稳感；而动态画面，会更加灵活地表现人物或事物的动势，更加有代入感。短视频拍摄中，因为时长的限制，往往需要制作者在较短的时间里抓人眼球，画面更是以动态居多。

一般来说，运动摄影的模式有推、拉、摇、移、跟、升、降、综合运动等几种。伴随着现在稳定器的小型化发展，支撑手机、数码相机、微单或者单反的各类稳定器都有匹配，运动摄像的操作比过往更加便捷。下面以具体案例看一看景别的标准和实际运用。

（1）推镜头

被摄体不动，由拍摄机器做向前的运动拍摄，取景范围由大变小，分快推、慢推、猛推，与变焦距推拍存在本质的区别。摄影设备向前运动，导致摄距变小，如果配置广角镜头，会带来巨大的视觉畸变效果，画面的冲击力变强。（图3-8）

（2）拉镜头

被摄体不动，由拍摄机器做向后的运动拍摄，取景范围由小变大，也可分为

图3-8　推拉镜头

慢拉、快拉、猛拉。拉镜头与推镜头是一组反向运动操作,这样有利于节奏的把握。

(3)摇镜头

指摄影、摄像机位置不动,机身依托三脚架上的底盘做上下、左右、旋转等运动,使观众如同站在原地环顾、打量周围的人或事物。在表现场景的广阔,交代主体与环境的关系时,都可以很好地实现表达。扫摇镜头是一种特殊的摇镜头,又称甩镜头,指从一个被摄体甩向另一个被摄体,表现急剧的变化,作为场景变换的手段时不露剪辑的痕迹。在短视频时代,摇镜头是一种较为高端的转场特效,也很适合快节奏的调度。

(4)移镜头

又称移动拍摄。从广义说,运动拍摄的各种方式都为移动拍摄。但在通常的意义上,移动拍摄专指把摄影、摄像机安放在运载工具上,沿水平面在移动中拍摄对象。

移拍与摇拍结合可以形成摇移拍摄方式。移动镜头节奏感更强,更显规律性。(图3-9)

图3-9　移镜头

（5）跟镜头

指跟踪拍摄。跟移是一种，还有跟摇、跟推、跟拉、跟升、跟降等，即将跟摄与拉、摇、移、升、降等 20 多种拍摄方法结合在一起同时进行。总之，跟拍的手法灵活多样，它使观众的眼睛始终盯牢在被跟摄人体、物体上。这种运动形式非常适合表现主观视点。（图3-10）

图3-10　跟镜头

（6）升降镜头

上升下降拍摄。可以采用无人机完成空间范围大的调度，比如人物跑向操场，镜头升起，突显主体的渺小和空间的巨大反差；也可以使用稳定器小范围升起或下降，让运动画面更显生动和灵活。

（7）综合运动拍摄

指综合拍摄，又称综合镜头。它是将推、拉、摇、移、跟、升、降等拍摄方法中的几种结合在一个镜头里进行拍摄。它要求拍摄者具有娴熟而扎实的基本功，对摄影机稳定器运动轨迹做提前构思，从实践的角度看，需要操作者有足够的体力训练，才能保证高强度拍摄的要求。

值得注意的是运动镜头的开端部分,被叫作起幅画面,拍摄时,一定要平稳保持一段时间,这样有利于后期剪辑的多样性。摄像机停机前的运动镜头拍摄结束前的最后一个画面,被叫作落幅画面,与起幅画面相对应,用于运动镜头的结束,同样需要平稳保持一段时间,这样便于剪辑时的流畅度及情绪的抒发。

除此以外,空镜头在短视频中也是非常重要的镜头元素。空镜头也称景物镜头,指没有剧中角色(不管是人还是相关动物)的纯景物镜头。空镜头对于短视频的拍摄节奏和情绪把控具有重要意义,特别是在转场或者控制情节时,能够给观众足够的感受。所以,我们在拍摄一个场景时,不要漏掉空镜头的拍摄。包括场景的交代、季节的象征符号、人流车流、天空霞光等。

3.2.3 镜头形式

镜头动作包括被摄对象的运动和摄像机的运动,这两类运动应严格界定与区分。镜头的形式涵盖了镜头的表现手法。

(1)简单镜头

简单镜头也可以理解为固定镜头,拍摄时不改变摄像机镜头焦距,不摇动摄像机镜头方向及保持摄像机支架固定,摄像机镜头焦点可以改变。拍摄固定镜头的情况时,应注重突出被摄体的景别和角度的变化,以及主体在画面内的运动与变化。

固定镜头应追求镜头的内部运动,充分利用画面空间的最长距离,强调对观众视线的调动,包括镜头焦点的变动及与画外空间发生联系的运动(出画和入画)。

简单镜头拍摄的操作要点:

①固定镜头突出了镜头的固定,即消隐了外部动作。可以参考静态构图的一般规律,以主要对象作为构图结构的中心。

②人物在原地的动作姿态变化,是镜头内部运动的重要构成因素,并会产生强烈的画外联系,不要因为对原有追求的画面结构有所改变就轻易改变镜头方向。

③小景别拍摄时,可根据人物关系与情境变化,对处于纵深关系的不同对象,采用焦点调度的手法以改变画面的视觉重点。

④“无剪接”拍摄的关联镜头,应注意起落幅的视觉重点与上下镜头视觉重点的协调配置。

（2）复合镜头

复合镜头也叫"运动镜头"或"延伸镜头"。复合镜头是指改变摄像机镜头焦距、镜头方向、在规定的轨迹上移动摄像机位置等，以及结合简单的被摄物体运动的拍摄。运动镜头创造的价值，在于观众的屏幕视觉感受，也是我们常说的观众视点的运动，它与固定镜头所展现的视线在屏幕上的运动，共同构成了影视艺术的运动。可以认为，任何包含了变焦距拍摄、摇镜头拍摄、随被摄物体的简单移动拍摄这三项要素的镜头均可称作复合镜头。一个独立的复合镜头应当从外部动作的静止状态开始，以外部动作的静止状态结束。复合镜头拍摄的操作要点：

①没有人物的空镜头不论起落幅都要找出主要对象作为构图依据，需要突出的对象则作为构图结构的中心。

②有人物的画面应以人物为画面构图的依据。

③运动镜头的拍摄，始终要注意方向、速度和节奏的变化给上下镜头带来的影响。

④贯穿不同环境的连续运动变化（分切镜头），其构图依据如下：

（a）运动的起点位置（起幅）。

（b）运动过程有戏的以人为重点、无戏的以环境特色为重点。

（c）方向、速度变化的转折点。

（d）运动结束的停留位置（落幅）和环境特色。

（e）多人物中主要人物的运动。

⑤在包括了画面的内部动作和外部动作的运动中，应本着内部动作繁复而外部动作简约的表现原则，为观众的视线运动创造最大的空间。

3.2.4　布光技巧

短视频的拍摄离不开灯光，特别是剧情类的短视频，灯光既要满足基本的照明要求，还要营造一定的场景氛围，为故事展开和塑造人物营造光线氛围效果。

（1）室内三点布光

短视频拍摄中比较常见的是三点布光法，采用主光、辅助光、轮廓光三个灯位的基本布光方法。主光是用来照亮被摄对象及其周围区域，需要给主题对象投影；光源位于摄影机视野相对的另一侧，脸颊阴影会在与光线相反的方向形成。这样的设置能够让你完成"伦勃朗光"，让鼻子的影子投射在脸颊上，留下一个（倒三角形）光斑，因此又叫"三角光"。许多影像和图像摄影师偏爱这种照明。（图3-11）

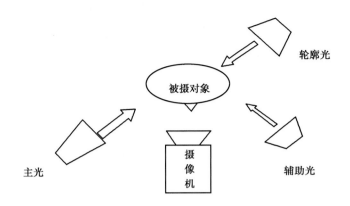

图3-11　三点布光灯位

三点布光的具体布光方法为：主光放置于偏离机位与被摄主体的中轴线20度到60度的位置上；辅助光位于中轴线的另一侧，光的亮度应低于主光，一般为主光照度的50%~80%；而轮廓光则位于被摄主体的背后，一般采用聚光灯，其垂直角度不宜太大或者太小。三点布光要把灯具的位置与灯光的方向调试好，同时还要控制好不同灯光的亮度。三点布光中任何一点不恰当的亮度，都会引起被摄对象的外观发生变化。合适的亮度比例是主光：辅助光：轮廓光=2∶1∶2。

三点布光是人物造型区最基本的光源，如果人物造型区有背景区，则考虑应用背景光，背景光的运用要求分布均匀，亮度应和辅助光相等。如果要加强人物造型区的美感，则考虑运用装饰光，如发型光、眼神光等。最常用的是眼神光，眼神光应位于机位一侧较高的位置，光源应用柔光纸覆盖。

①布主光。在日常的视频拍摄当中，主光是场景的主要光源。主光这个词并不代表特定类型或强度的照明，它只是照亮拍摄主体的主要光线。它可能源自灯具，也可能是透过窗户照射进来的自然光。由于主光决定场景外观，所以它一般是装配及摆放的第一个照明。按照惯例，主光会被放置在人物或是拍摄物体的侧边45度角，并且高于头部45度。这个位置只是常见摆放，也可以技术性地把主光放在主体下方，但要符合场景调性和方向。

②布辅助光。辅助光的主要作用是改变因主光照明所产生亮部和暗部的明暗反差，即改变光比，也就是提高阴影部位的亮度，使暗部也呈现出一定的质感和层次，起到补光的作用。运用时注意，它的强度应小于主光的强度，否则容易喧宾夺主，并且容易在被摄物体上产生明显的辅助光投影。

③布背景光。背景光是照射背景的光线，背景光的亮度一般要小于主光，它的主要作用是衬托被摄体，渲染环境和气氛。让背景与主体间的空间层次更加

立体丰富。

④布轮廓光。轮廓光是用来打造被摄体轮廓的光线。轮廓光是从被摄人物背后打过来的逆光或侧逆光,赋予被摄体立体感和空间感。比如说人物处于黑背景中,黑色头发或者黑色衣服就会与黑色背景融为一体,没有轮廓。这时就需要使用轮廓光勾勒出被摄者的轮廓,尤其是从头发后面打过来的逆光会使头发产生漂亮的轮廓线。

⑤布修饰光。主要用来对被摄物体局部进行装饰或显示被摄物体细部的层次。如果感觉某个局部需要表现出来,例如衣服上的花纹、场景中的某个装饰物或人的眼神光等需要进一步用灯光表现出来,这些都属于装饰光。装饰光多为照射面积比较小,不影响其他部分的狭窄的光线,因此通常使用束光缩小范围。

(2)室外光线运用

室外白天场景布光首先是遵循被摄物体的客观存在,室外布光需要仔细审视被摄物体,考虑被摄物体的整体形状、外部轮廓、质地、颜色以及挑选重点,突出强调,对不重要或者其他干扰元素进行模糊处理。

在室外,要合理运用自然光达到整体效果,注意观察天光的光质、光的方向和强度。选取合适的拍摄角度来达到光线效果。用散射光作为主光,是比较讨巧也比较能把握的一种方式。散射光的光质偏柔,强度及反差都较小,控制好曝光也能让层次较为清晰和丰富。一般这种光线条件只需要进行局部的补光就可以了。

遇到直射光较强的时候,需要用补光灯或者反光板对人物的脸部或背光面进行必要的补光。处理散射光和直射光的微妙变化时,没有绝对的做法,要参照当时的场景来作出相对应的调整。在实际拍摄中,任何一种灯光布置或者运用天光,都要首先考虑主光,主光的特性、强度决定了整体创作意图。

(3)夜晚场景布光

夜景布光仍然可以采用三点布光法。同时应避免两种倾向:一是整个画面亮度过高,好像白昼,无夜景氛围;二是整个画面亮度过低,一片灰暗,无亮度光线或物体。为防止以上两种状况,需留意以下几点内容:

①拉开光比,拉开画面亮度反差。

②多用逆光、侧逆光,少用或不用顺光。

③充分调动室外发光体入画,如路灯、车灯、信号灯、照明灯等,发现空间感,增强夜景氛围。

④当实践场景中灯光为低色温时,调整白平衡时按偏暖调处置。反之亦然,

恰当夸大现场光线的颜色要素,衬托环境氛围。

⑤从室外拍摄楼房夜景需用低色温灯光恰当增加室内亮度,因为普通摄像机很难在几十瓦灯光照明下表现出灯光通明的效果。

拍摄夜景,从室外拍摄室内,如果房间有民用灯光,该灯光与影视剧中所设想的灯光种类不一样,就要采用照明手段来调整。这种做法称"补光"。"补光"有两种方案:一种是从房内把窗帘照亮,另一种是不照亮窗帘而把房内墙壁照亮。(图3-12)

图3-12　夜晚场景布光(短视频广告)

在室外自然环境中,拍摄傍晚不存在主光照明处理,而是直接利用夕阳来照明。应回避演员顺光角度,因为夕阳时光线位置比较低,正面照射演员时等量光倾向严重。

布光的关键就是要避免等量光,解决方法是调整拍摄方向,使画面上物体受光面处于侧光状态,同时还要演员配合,把脸部朝向夕阳方向来拍摄,这样视觉效果较好。

3.2.5　录音技巧

相对于视频拍摄而言,短视频的录音往往被人忽视。我们经常在视频平台刷到的短视频作品,画面很美但是声音很嘈杂,或者干脆就没有环境音,被音乐取而代之。这主要是大家都没有意识到声音的重要性。的确，与画面相比，人们获取信息的渠道，90%以上依靠视觉，听觉不到10%。但事实上，一个优秀的短视频作品，音质也是必须要保证的。比如，李子柒的乡村田园视频中那些唯美场景声音效果也很优秀，这样才能在众多的作品中脱颖而出。短视频制作周期短，成本低，我们可以多采用同期录音的办法，还原现场原本的真实感。我们先来了解一下几种常见的录音设备。

（1）录音吊杆话筒

对于有条件的短视频拍摄团队，建议采用收音话筒。长期以来，专业的影视录音师在影视剧拍摄过程中首先会考虑使用指向性吊杆话筒。这是因为它是在表演区上方不破坏画面的情况下收取到的现场环境声场再现，同时也由于它是有线的，声音控制起来方便，不会像无线话筒那样存在很多的不确定性，如频率干扰带来的杂音；声源离接收机太远，灵敏度不够导致接收中断；拍摄过程中，无线话筒因电池耗尽影响录制的正常进行；等等。此外，拍摄时无线话筒的音头往往藏于表演者外衣内部，导致收取的声音太闷，效果不好。（图3-13）

图3-13　吊杆话筒

吊杆话筒可以很好地保证视频声音的品质感，但同时除了本身造价较高以外，使用专业的吊杆话筒需要有专业录音师进行现场录音把控，这往往会增加制作成本。

（2）无线话筒

无线领夹麦克风（无线话筒）体积小、重量轻、操作方便，对短视频拍摄来说比较实用，就算长时间佩戴，也不会有负重感。如果是两人拍摄，可以选择一拖二的麦克风，也就是有两个发射器、一个接收器，可以满足短视频拍摄的大部分需求。这种麦克风运用无线技术传输声音，一般是全向型拾音，优势是体积小、重量轻、比较容易隐藏，不过其录音头需要尽可能地靠近声源以获得较好的信噪比效果。这种麦克风是微电影、小型电影和Vlog拍摄的便携收音"利器"。（图3-14）

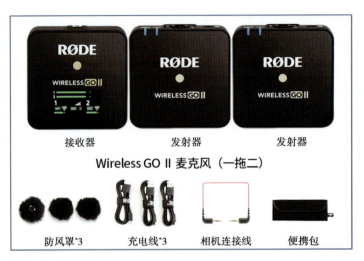

图3-14 无线麦克风

（3）机顶话筒

机顶话筒是短视频拍摄时常用的一种录音设备,带有特定指向的话筒,如心形指向、超心形指向、8字形指向,只重点收录话筒指定方向的声音,其他方向的声音则会减弱。机顶麦克风、枪式麦克风、手机专用麦克风及常见的手持话筒都是指向性麦克风。在短视频拍摄固定画面,或者人物运动幅度不大的室内场景时经常使用机顶话筒。（图3-15）

图3-15 机顶麦克风

（4）录音时注意事项

如果手中已经有录音设备,但是在录制过程中还是有杂音,可以尝试以下几种方法,让录制的声音更清晰。

①关闭噪声源。室内录音一般需要关掉可能会产生噪声的设备,比如说电

风扇、空调、空气清净机等，设备电可能会与录音设备产生电磁干扰，这些都可能影响到收音的质量。

②尽量靠近声源。在封闭的房间里一般会有回音，在录音时尽量靠近麦克风，这样做可以大幅降低房间里的回音。但是要注意喷麦的情况，在没有防喷罩的情况下，把麦克风从正前方移至45度角的位置，并把麦克风对准嘴角，这样就可以大幅改善喷麦的情况。

③保持音量的稳定性。在录音时不要离麦克风忽近忽远，否则录制的声音听起来也会忽近忽远，声音的空间感和音量平衡会受到影响，会极大地降低录音效果。

现场同期声的录制效果直接影响到后期对声音处理的效果和工作效率。因此，在短视频创作中一定要十分重视声音的现场采集，以便为后期提供高质量有效的声音素材。

任务 3.3　短视频编辑

短视频创作拍摄入门比较低，新媒体时代人人都是摄影师，一部手机就可以随手拍来。视频剪辑软件的操作可能会让创作者为难，很多人找不到合适的视频创作软件，专业的视频编辑软件功能强大，但对于制作周期快的短视频而言，很多简单易学、基本功能方便的编辑软件也不失为一种好的选择。

3.3.1　短视频编辑软件

（1）Premiere（PR）

Premiere 是基于非线性编辑设备的视音频编辑软件，可以在各种平台下和硬件配合使用，被广泛应用于电视台、广告制作、电影剪辑等领域，成为 PC 和 MAC 平台上应用最为广泛的视频编辑软件。PR 软件是专业选手的标配，主要功能是做视频剪辑，效果非常好。（图3-16）

（2）EDIUS

EDIUS 非线性编辑软件专为广播和后期制作环境而设计，特别针对新闻记者、无带化视频制播和存储。

图 3-16　Premiere 编辑软件

EDIUS 拥有完善的基于文件工作流程,提供了实时、多轨道、多格式混编、合成、色键、字幕和时间线输出功能。它也属于视频剪辑软件,不过它的操作难度系数比 PR 小了很多,但是功能基本上一样,该有的功能都有,所以用的人很多。(图3-17)

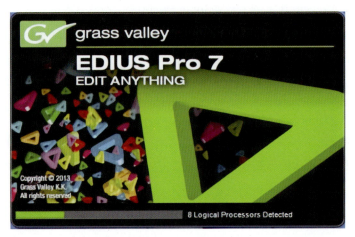

图 3-17　EDIUS 编辑软件

(3)爱剪辑

爱剪辑是当下较为流行的视频剪辑软件,有 AI 自动加字幕、调色、去水印、横屏转竖屏等剪辑功能,还有诸多创新功能和影院级特效。它是迄今较为易用、实用性比较强的视频剪辑软件。(图3-18)

图 3-18　爱剪辑编辑软件

(4)剪映

剪映推出了手机版和电脑版,是目前和各大短视频平台合作较多,操作便捷、好用的视频编辑工具。对于短视频实际常见问题，如快速上字幕、横屏竖屏变换、快速配音等功能，剪映站在用户的角度，提供了人性化傻瓜式解决方案。剪映作为抖音官方剪辑软件，提供免费的海量背景音乐曲库。（图3-19）

一键美颜、专业风格滤镜等也深受用户喜爱。富有个性的贴纸和字体模板，让创作更简单。剪同款视频模板、一键智能剪辑，让初学剪辑的用户能轻松上手。

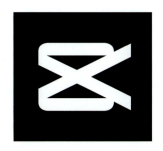

图3-19　剪映编辑软件

3.3.2　短视频编辑技巧

后期是一个视频成型的关键，包括素材的收集和整理、视频的剪辑、字幕的添加、视频调色、配乐等。后期制作中需要较强的逻辑思维能力和音乐理解能力，短视频对音乐的理解会直接反映在视频制作里，也是影响视频质量的关键要素之一。

在短视频的后期编辑中要注意素材的完整性和协调性，实际短视频拍摄的素材有时跟脚本不一致是很正常的。所以，后期在制作的时候要想办法找素材补充其中的缺失或者更换素材以适应改动的内容。

（1）短视频编辑5要素

在短视频创作中，声音和画面是两大视听要素，这里我们总结出短视频编辑的5个要素。画面内容三要素主要包含：视频（含同期声）、图片、字幕；声音内容两要素主要包含：解说、音乐（音效）。在后期编辑中，根据前期策划需要，可以从声画要素中选择要素进行组合，模块化地进行短视频编辑。

①图片+字幕+音乐。短视频的素材不一定都是视频，也可以用图片来进行视频编辑。在短视频运营中，往往需要批量将图片转化为视频，或者需要时效性比较强的消息，我们可以采用图片来做视频。例如，旅游风景类的短视频，可以在素材库里寻找相关图片进行编辑，配上转场效果或者一些图片模板，加上字幕、音乐就可以快速地做好视频。在一些突发新闻中，用图片可以更加快速和多视角地展现事件全貌，这时也可以用图片来制作视频。

②视频+解说+字幕。视频+解说+字幕的方式是短视频的常见编辑形式。解说可以是后期配音，以第三人称的口吻进行解说，也可以是现场以第一人称的视角进行解说。解说者可以不出现在镜头里，也可以以类似主持人的形象出现在镜头中。一般在运营中强调个人IP的短视频会采用主持人式的解说方式。视频和解说要做到互为补充，相得益彰，后期也可以加音乐渲染情绪。

③视频+字幕+音乐。这种短视频形式在短视频后期编辑中对视频画面的视觉冲击力一般要求比较高,视频的画面叙事性要强,这样只需要配合简单的文字就能交代清楚内容和主题。这省去了解说配音的环节,视频的产出效率会大大提高,对于时效性强的热点内容来说是个不错的选择。

(2)常见编辑技巧

①视频画幅。视频之所以有不同的画面比例,是因为要在不同长宽比例的屏幕上播放。例如,抖音短视频一般会剪成 9∶16 的竖屏尺寸,以便在手机上观看。在实际剪辑视频的时候,往往素材视频的画幅比例和最后输出想要达到的画幅比例不一样,我们在剪辑时需要对视频画幅进行调节。在剪辑软件中,我们可根据自己需要的视频尺寸,选择相应的分辨率,或选择"自定义分辨率",来进行画幅比例的修改和调整。(图3-20)

图3-20　画幅比例

由于修改前后视频的比例发生了变化,为了防止画面变形,视频导入后会产生黑边。横屏变竖屏会出现上下黑边,竖屏变横屏会出现左右黑边。我们可以通过拖动调整画面大小或画面裁剪的方式去除黑边。

②节奏卡点。音乐卡点常见于舞蹈类、混剪类视频,也有人会把相片、表情包等做成卡点视频,在短视频中运用音乐节奏点与视频剪辑点配合编辑,可以让短视频与音乐配合更默契,更有"网范儿"。首先,在音乐素材上标记卡点位置(踩点),在很多短视频软件中有 AI 卡点的功能,软件有自动识别音乐节奏点的功能。也可以自己去判断节奏点,寻找合适的卡点进行标记。(图3-21)

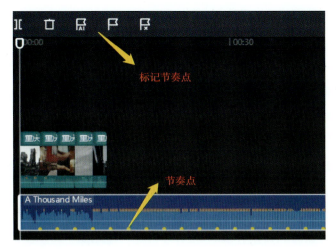

图3-21 节奏点

然后,拖动图片或者视频到达卡点位置。图片或视频的选择可根据卡点间的长短进行调节,选择合适的画面进行卡点。最后,还需要在卡点间添加转场特效。很多视频编辑软件中都有一键式转场效果添加。

③视频转场。技巧性转场常用短视频编辑软件中的转场效果来实现。上面讲的视频节奏卡点中经常使用。(图3-22)

图3-22 转场特效添加

无技巧性转场是指用镜头间自然过渡来连接上下两段内容,主要用于场景转换前后两段内容的衔接,达到视觉的连续性。运用无技巧转场方法需要注意寻找合理的转换因素和适当的造型因素。常见的转场方式有:通过景别变化进行转场、空镜头转场、相似动作转场、运动镜头转场、出画入画转场、黑镜头转场等。

④画面抠像。绿幕抠像中,最明显的问题就是抠不干净,抠出来的人物不完

整,有噪点或者毛边,像贴在背景上,不自然。这些在绿幕背景抠像中或多或少都遇到过,下面总结实现清晰干净并且自然的抠像的几大要点:

①背景绿布必须颜色纯正、平整无褶皱。

②人和背景保持 1.5 米以上的距离,不要让绿幕的反光落到人物身上。

③不要穿着绿色或相近的服装。

④使用专业灯光,并合理布光。

值得注意的是,因为灯光决定了能否拍摄到清晰的画面,所以要保证拍摄的灯光亮度够高。另外,抠像涉及颜色识别,灯光的显色指数也需要达到专业的影视水准,这样才能把实物的颜色真实还原给摄像设备。

在剪映等短视频剪辑软件中,也有一键式抠像功能。在保证背景比较干净或纯色,同时保证背景的颜色与拍摄主体的颜色有区分度的前提下,可以使用软件中的智能抠像功能快速抠像,也可以通过色度键选择要抠掉的颜色来进行抠像。

3.3.3　短视频调色

短视频调色对视频来说非常重要,很多美食类、旅游类等短视频,往往因为色彩层次丰富独具风格而受到用户的欢迎。因此,调色也是短视频编辑中不可或缺的一部分。

（1）调色前的准备

短视频素材拍摄中常用的是 3 种色彩模式:默认的 709 模式、Hlg 模式和 log 模式。709 模式是相机和手机默认设置直接拍出来的视频,可以直接进行一级调色。Hlg 模式是设置相机黑伽马值,它与 709 模式的差别就在于它的色彩范围是 rec.2020 的,通常情况会在晚上用到,因为它可以保留更多的暗部细节,但是这个模式的视频在不支持 HDR 的电脑屏幕上看是会过曝的。所以,我们需要在剪辑软件当中,把它的视频色彩范围转换成 rec.709,让它恢复到我们前面说到的默认的 709 模式,再进行下一步调色。log 模式,同样是调整相机黑伽马值,一般来说在光比较强的场景,我们会用这种模式来保留画面中的细节,比如说正午的户外、晴朗的下午。这种模式下,拍出来画面整体会呈灰色,需要套 LUT(Look Up Table,颜色查找表)还原,可以理解为:通过 LUT,我们可以将一组 RGB 值输出为另一组 RGB 值,从而改变画面的曝光与色彩。在索尼相机的 Slog2 和 Slog3 模式下,他们的还原 LUT 是不同的,这里我们可以根据自己相机的型号,去对应的官网找到还原LUT,等还原完,就可以开始一级调色了。

（2）一级调色

一级调色是对视频画面的整体色调、对比度和色彩平衡的还原处理。总结就是：校正颜色，平衡基本参数，还原色彩。所需要调整的参数：色温，黑白场，肤色，对比度，色彩饱和度等。其中最为关键的就是白平衡的校正，无论后期要调整成什么样的色调，在一级调色中都需要准确还原画面正常色温，否则风格化调色将无法掌控画面准确的颜色。（图 3-23）

原片　　　　　　　　　　一级调色　　　　　　　　　　二级调色

图 3-23　调色前后对比

（3）二级调色

二级调色是对画面特定区域进行进一步的处理（并不是所有的画面都需要二级调色），把色调风格化，融入感情色彩，以及细节调节，如人物的面部、肤色、服装色彩、物品细节等。图 3-23 中，右边画面的细节被调节得更加清晰，配合暖色调让整个画面氛围更加温馨。画面所需要调整的参数有高光、中灰、阴影、肤色保护、影调等。视频调色就是一个艺术再创作加工的过程，多次练习、操作之后，就会找到独属于自己的调色风格。

课后拓展

短视频作为一种新兴的互联网内容形式，给短视频平台的审核带来了一定的压力。在短视频发展初期，短视频的管理法规发展尚不完善，因此在短视频快速发展的背后，暴露出许多问题，例如各类侵犯版权的行为，以及低俗内容的泛滥等，这些行为不仅影响了短视频行业内部的正常发展秩序，也给社会造成了不良影响。随着相关法规的出台，短视频行业的发展也趋于规范。2019 年 1 月，中国网络视听节目服务协会发布了《网络短视频平台管理规范》和《网络短视频内容审核标准细则》，要求短视频平台加强监管审核，提供健康优质的内容，并提供了 100 个具体的操作审核标准。

除了出台相关规范，政府部门还通过对相关短视频平台实施行政处罚、约谈整改，甚至强制下架等措施，加强对短视频行业的监管。在大力度的监管背景下，短视频内容得到约束，行业规范得到整顿，行业可持续发展的动力增强。

总结练习

　　短视频作为一种复合介质，包含了影像、声音、图标、动画和文字注释等各种信息表现元素，单位时间内信息密度高于文字等单一信息形态，且观众接收更为简单、直接。在互联网时代，注意力成为最有力的资源，然而用户的注意力却被手机、交通、用餐等不断分割，越来越趋于碎片化，如今传媒信息产品向移动终端转移是必然趋势。短视频篇幅短小、传播快捷、参与性强等特点，能够满足用户碎片化时间的观看需求，与互联网快捷高效的气质恰好相符。短视频以有限的时长承载丰富的内容，生产者利用镜头语言，精准抓取与核心主题相关的信息，指向明显、内容集中，使用户无需花费大量的时间去了解事件的来龙去脉就可获得关键性信息，这与现代人快节奏的生活不谋而合。

知识练习

　　1.景别一般可分为五种，特写、近景、中景、全景、远景。适合表现人物间交流感的景别是哪一种？

　　2.网络上说的关键意见领袖（KOL）是什么意思？(　　　)

　　A.网络红人　　　　　　　　　　B.网络上某领域有引领作用的人

　　C.网络上有一定粉丝量的人　　　　D.网络用户

　　3.新闻的五要素也叫"5 个 W"，具体包含哪些要素？

　　4.发布短视频要遵守相关法律法规和短视频平台的相关规定，请举例说明哪些行为违反《网络短视频内容审核标准细则》（至少三个）。

技能练习

　　1.策划一个短视频完成前期视频脚本。

　　2.按策划要求完成一个短视频的拍摄和编辑。

模块四｜全媒体短视频运营

模块导视

全媒体运营是通过现代化移动互联网手段,通过微信、微博等新兴媒体平台进行营销、宣传、推广等的一系列运营活动。随着全媒体行业和移动互联网技术的快速发展,以及信息碎片化趋势的不断加剧,个人和企业都增加了短视频在全媒体运营与推广中的应用力度。短视频是目前较为流行的内容展现方式,无论是在提升用户好感方面,还是在提高内容体验等方面,都创造了许多的奇迹。

学有所获

通过本章学习,理解短视频"内容运营""用户运用"和"达人运营"这三种基本运营方式的基本流程和关键环节,建立短视频基本运营思维逻辑。了解短视频营销推广的基本模式。能运用短视频常见数据平台对其后台数据进行分析,并提出能改进其短视频运营的有效建议。在本课程中引入短视频运营环节,可以在课程节奏、吸引力、实践应用、就业需求等多方面进行补充和提升,也可以运用到其他网络营销类课程中。

课程思政

随着手机移动端在社交媒体的飞速发展,新媒体运营已成为电子商务引爆流量的重要引擎。其中短视频运营从用户定位、脚本撰写、拍摄简介、上线推流到数据复盘,全方位考量一个电商运营人员的综合能力。短视频运营作为当今新媒体热点得到广泛的关注和研究,也是商业推广和学生就业的新突破口。学生需要提升学科综合应用能力、跨学科应用能力,以适应全媒体时代对综合素质人才的需求。

任务4.1　短视频运营

4.1.1　内容运营

内容运营是指内容运营人员通过全媒体渠道,利用文字、图片、影音等形式将产品或品牌信息呈现在用户面前,激发用户参与、分享、传播,增加用户黏性的完整运营过程。短视频的内容运营不仅包括短视频内容的定位、规划、采集、整理、编辑等一系列短视频策划创作过程,还包括短视频内容的发布、推广、转化等。短视频内容运营的出发点是用户,让产品或品牌深入用户内心,提高营销效果,使其成为用户可以消费的视听信息。

(1)内容运营的作用

①传递产品或品牌的定位。产品或品牌自身不会说话,需要内容来表达,内容运营可以使用户对产品或品牌产生某种感知,形成特定印象。对于内容运营人员来说,要想传递产品或品牌的定位和调性,需要通过内容运营让用户知道"产品是什么""品牌是什么"等。例如,用户在使用产品之前,只能在企业的官网、官方微博、微信公众号等渠道通过产品的介绍、品牌新闻、用户的评论等内容了解产品。运营人员通过内容运营、创作优质的内容、推送精准的内容,就可以让用户接触产品,从而传递产品的定位和调性。

②满足用户的内容消费需求。随着消费的进一步升级,用户内容消费的目的性也逐渐增强,个性化、高质量内容的消费需求日益凸显,通过内容运营,用户可以看到其想看的内容,满足其内容消费需求。例如,欧莱雅为了提供更多用户想了解的内容,创建了"内容工厂",为美妆爱好者不断推送各种美妆教程,为美宝莲、契尔氏等美容品牌的产品提供实时的、本地的共享内容。对干货视频、美妆教程,以及社交媒体上的照片进行视觉和文本内容的创造,并与各大视频网站进行密切合作,继续创建更多与品牌相关的内容。每当推出新产品时,就制作出相应的产品视频教程,不仅介绍产品的用法,更展示了如何利用产品打造出一个完美的造型,进一步满足了用户的搜索需求,也吸引了大批对美妆内容感兴趣的"粉丝"。

(2)内容运营策划

大多数受欢迎的短视频内容,都不是临时想出来的,而是内容运营者结合自身特点、产品特点和用户特点等进行的选题。内容运营人员应当根据企业的营

图4-1 "苗族蛋花姑娘"抖音号

销需要和用户需求来确定内容的主要方向,如内容的主题、内容的表现方式等,然后结合热点等进行内容的规划。

在策划撰写短视频脚本期间,内容运营就要和制作团队讨论内容的细节,进行内容策划。

完成内容运营策划,主要需要解决以下问题。

①内容运营目标。要根据自身情况充分调研,整体思考后确定。例如,推广新品、宣传品牌;做好内容,给后期内容变现打好粉丝基础,不急于直接变现或产品直接宣传等。内容运营目标要有前期、中期、远期目标,让目标更加清晰和精准,确保内容创作有的放矢,也便于后期推广和转化。

例如,"苗族蛋花姑娘"抖音号是一个苗族学生和家人一起运营的一个抖音账号。视频内容多为宣传苗族土家族庙池村所具有的人文故事、少数民族特色、农产品种类特色等,以展示蛋花姑娘帮助农户销售农产品的公益小故事为内容,增加产品曝光率,以内容吸引粉丝,中期计划和平台签约或者自主注册成为商家,销售彭水县诸佛乡的特色农产品。远期运营目标:搭建一个当地农产品的公益买卖渠道;构建一个属于自己的电商平台,如微店平台;搭建"微物流渠道",解决农产品物流最后一公里难题。(图4-1)

②内容投放渠道。目前短视频投放渠道和平台非常多,各平台短视频特点和目标受众也不尽相同。例如,B站平台最大特点就是技术性和科普性短视频,视频形式以横屏为主。用户可以学到很多知识,其优势在于审核速度快,对用户反映的问题反馈非常及时。抖音平台特点与之不同,更倾向于泛娱乐化短视频,以竖屏为主,方便受众用手机观看短视频,视频"短""平""快"。因此,在短视

频运营策划时要对投放渠道进行定位。

③内容用户定位。用户定位永远是产品开发最重要的前置条件。产品的开发、运营、营销的走向都要随着目标用户群的定位走下去。从定位的角度看,短视频运营者要筛选出自己的目标人群,进而精准地将自己的短视频和产品投放给这部分人群。短视频运营者在定位时就要从变现开始思考,定位决定未来的变现能力。具体来说,短视频运营者在定位时,就要认真考虑什么类型的内容容易变现或什么类型的内容容易被用户和粉丝买单,从而实现有效转化。短视频用户大致分为两类,一类用户是账号内容黏性比较大的用户,未来实现内容变现和转化可能性较大;第二类用户是对视频内容感兴趣,他们可能不一定会产生直接的内容转化,但是可以进行二次传播。如果抱着走一步看一步的心态运营短视频,忽略了长久变现的打算,仅仅将目光放在粉丝增长上,认为粉丝上涨就会离变现之路不远了,盲目追求粉丝,习惯发布一些泛娱乐化性质的短视频,那么吸引而来的粉丝黏性较差,比较宽泛,会直接影响内容转化变现。(图4-2)

图4-2 用户定位

④内容发布周期。短视频平台没有限制发布短视频时间,因此没有标准的发布短视频时间,只有合适的发布时间。

流量高峰期发布短视频。短视频在流量发布高峰时间段发布的话,用户活跃度也会很高,能够分发的流量推荐总额也会比较大,创作者能够收获的短视频反馈也会比较及时,更有利于我们观察短视频内容反馈效果。根据不同的平台和不同的视频类型,流量高峰期是不一样的。例如,抖音的用户活跃时间在中午12点午休时段、下午6点、晚上9点到10点左右以及周末时段,这些都是抖音用户大量刷视频的时间。再比如一些放松助眠视频,一般到深夜才迎来流量高峰。创作者可以综合分析,选择对应的时间进行发布。

注意追逐热点发布。有的短视频没有选择固定的时间点发布,但是他们会

（1）分析用户行为数据

①用户规模与转化指标。其主要是针对用户数量和用户转化的行为进行数据分析，相关的主要数据指标包括产品下载量、用户独立访问量（UV）、每日活跃用户数（DAU）、新增注册用户数、消费转化用户数、用户平均收入（ARPU）、各个环节转化率、留存率、活跃率等。

②转化率指标。其主要是针对用户使用产品或参加活动的行为进行数据分析，相关的主要数据指标包括产品/活动页启动次数、活动参与用户数、页面停留时长（TP）等。

③用户渠道分析指标。其主要是针对不同渠道和平台的用户数量、消费金额和趋势变化的行为进行数据分析，相关的主要数据指标包括渠道数量、渠道流量、各渠道转化率、各渠道投资回报率（ROI）等。

④功能分析指标。其主要是针对用户使用 App 过程中转化的行为进行数据分析，相关的主要数据指标包括页面访问量（PV）、页面流失率等。

⑤用户画像分析指标。其主要是针对用户的基本行为和属性建立用户画像，相关的主要数据指标包括用户的性别、年龄、学历、籍贯分布、信用级别、消费行为习惯等。

这些数据来源可以依靠第三方数据公司，也可以在平台账号数据后台进行自我数据的查看和分析。目前常见的第三方数据分析平台有飞瓜、卡思、抖查查和蝉妈妈等。各数据平台特点不尽相同，建议大家根据自己使用的用途和习惯去选择。（图4-5）

图4-5　数据平台

（2）用户运营核心目标

短视频目标用户，俗称粉丝，可以分为三类：潜在用户、新用户和老用户。当然，这三类用户不是独立的，他们共存于整个用户运营体系，相互转化，相互影响。短视频用户转化周期分为:潜在用户—新用户—活跃用户—睡眠用户—流失用户。找到潜在用户,挖掘需求并建立信任是这个周期最重要的事。(图4-6)

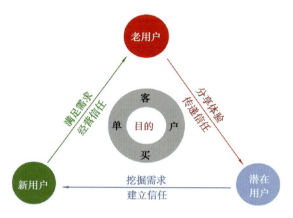

图4-6　用户关系

①用户"拉新"。所谓用户"拉新",就是针对潜在用户获取新用户,这是用户运营的首要工作。用户"拉新"的主要目的是增加用户的数量,一般可以利用微博、微信、社群、线下等渠道进行推广,邀请新用户注册或试用。例如,抖音在2016年上线后,其用户"拉新"的方式就是在微博中邀请众多明星录制视频,借助明星的影响力吸引其粉丝注册抖音,增加新用户的数量。

②用户"留存"。在全媒体运营中,用户"留存"即通过分析用户数据,以策划活动、增加功能或发放福利等形式留住用户,提高用户留存率。例如,以App用户运营为例,用户在某段时间内开始使用该应用,在使用过一段时间后,仍然还在使用该应用的用户,就可以被认作留存用户。

③用户"促活"。用户"促活"就是提高用户的活跃度,留存率稳定后,做好用户促活,提升用户黏性、互动度是工作重点。一般是利用一系列富有创意的活动,或者是利用专家、微博名人和论坛红人等的影响力带动留存用户。此外,对用户进行产品引导或告知其产品的新功能和新玩法等也是用户"促活"经常采用的方式。

④用户"转化"。用户"转化"就是把留存的活跃用户转化为最终的消费者。无论是广告变现、内容付费,还是通过电商营利,将流量转化为营收才是最终目的。

在短视频行业,几乎所有内容产品的用户运营工作都可以分为这4个核心目标。用户规模是商业化的基础,拉新和留存是为了保持用户规模最大化,促活是为了提高用户活跃度,增强用户黏性和忠实度,而用户和创作者之间的信任关系又是促成最终转化的关键动力。

4.1.3　达人运营

达人(KOL,Key Opinion Leader,关键意见领袖)是指那些拥有一定粉丝,并且对某个专业或者产品有自己独特看法,拥有更多、更准确的产品信息,且为相关群体所接受或信任,并对该群体的购买行为有较大影响力的人。

达人运营是品牌方通过与网络达人的合作,通过内容生产、线下活动等形式,实现对品牌或商品的宣传。其本质是广告,是相较于开屏广告、信息流广告,融入内容之中,更容易被用户接受的新型广告。

用户在接受多元化信息的同时,单纯的产品推荐广告已达不到用户的需求,达人作为真实优质内容生产者,携带一定量级的粉丝用户信任,结合自身特色进行商品体验、筛选、推荐,成为品牌宣传、口碑建设的重要链接。

(1)达人分类

①明星。自己有巨大的忠实粉丝,粉丝更看重明星对产品的评价和喜爱而非产品本身的价值。适合所有类型的产品及服务。如果产品与明星个人气质符合的话效果会更好。

②头部达人。粉丝在 50 万以上,是这个领域的专家,粉丝对他的专业度比较认可。适合想要在行业内突出自身优势和建立品牌的商家。比如新公司以及有新品上市就可以选择这类来投放。

③腰部达人。粉丝在 10 万~50 万,也输出专业知识,通常是一些测评和体验。比较接近消费者,是能够驱动客户消费的。消费者除了对达人一定的喜爱外也比较注重产品本身的质量和效果。

④初级达人。粉丝在 10 万以下,粉丝对达人本身的黏性一般。输出内容属于消费后的分享,广告词并不用多么华丽,最重要的真实可信。这个主要依靠产品自身的优势来促进消费。适合性价比高,优势和特点突出的产品。

⑤素人。普通消费者的主动介绍和分享,只有好的产品才能做到这点。投放的机制就是给消费者一定的好处,具体为消费者通过自愿分享后能有一定折扣,拿到一定的提成,或者送一些礼品。比较适合已经有自己品牌和知名度的商家。(图 4-7)

图4-7 达人分类

（2）达人运营要素

随着规模化高效率生产,利用达人运营推广品牌产品成为市场的实际营销需要。有的品牌希望借助达人内容传递品牌价值,进一步提升品牌形象,也有一些品牌更期待使用达人内容向下探索,实现"种草"和营销后链路上的转化。(图4-8)

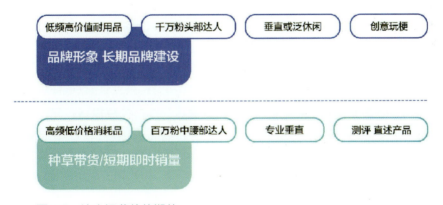

图4-8 达人运营价值期待

不同类型的达人对于品牌主而言价值迥异。通过矩阵化进行达人投放,让每个达人独特的性格、富有创意的内容和丰富的场景,精准触及各个达人背后的粉丝圈层,覆盖品牌曝光、种草、转化、口碑等全部环节,可以满足品牌主更加多元而复杂的营销诉求。

①品牌契合度。达人调性与品牌调性契合度越高,意味着共创内容更易与用户形成价值共振。

通过分析达人类型、内容风格等,可了解达人调性。垂直度高的达人,产出的内容曝光度远远高于非垂直达人。有一定公信力的达人可以帮助品牌背书,帮助品牌通过创意内容提升消费者认知。我们经常看到一些乡村干部为当地农产品代言,甚至直接在田间地头为当地土特产带货,受众对这样的有公信力的达人也更容易接受。

②用户认可度。从品牌和用户角度看,达人通过三方面的形象特征:视觉、行为、理念,吸引同频同好的人获得认可。形象特征的提取,可从稀缺性/新鲜感、趣味感、真实感、鲜明感入手。形象上不同于同类博主传统认知或者区别于常见热门博主形象;性格、内容有趣,能在视频内容中展现自身性格特点和非说教的有趣内容;展现真实感,贴近生活,甚至有些小瑕疵、小缺陷的人设;行为个性鲜明,具有高辨识度的外形或语言行为特点等。同时,在处理品牌营销和粉丝黏性的问题上,达人要有底线地"种草"或代言,才能获得用户喜爱。可通过数据平台查看达人近期是否接过推广、广告的舆情情况,调整运营策略。

任务4.2　短视频营销推广

4.2.1　KOL 投放

KOL投放是短视频营销推广的常见有效渠道,通常可以提前从几大板块进行调查:基本数据、账号匹配度、内容质量、账号成长性、商业性、投放性价比。没有绝对好和不好的标准,需要品牌方与自身的达人推广投放规划匹配。在推广过程中,从投放前、投放中、投放后进行有效检测和管理,以达到预期的广告效果。

①投放前——筛选账号。

粉丝量:是达人筛选中最基础的一个标准,一般来说粉丝量级越高,曝光越高,对接团队专业,内容质量较好,许多评估点的效果更好控制。当然,在某些特定平台中,某种账号评估维度比粉丝量级更为基础重要(如知乎的创作者等级)。

内容发布数:能够辅助判断账号的数据真实性、稳定性。它一般与粉丝量级、互动数等要素相匹配,进行多维度筛选。例如,一个粉丝数有 50 万的达人,只发布了 5 条视频,数据的真实性就有一定问题。又如一个发布了 500 条内容的抖音达人,互动量仅为 0.5 万,那它的视频质量也有待考证了。

互动数:即内容发布的"点赞、评论、收藏、分享"总数量。互动数越多,说明内容的关注度越好,引发讨论和二次传播的效果就更好。单条内容互动数本身所带来的筛选帮助不大,但是当我们将互动数与粉丝量对比时,就更能说明账号的质量。例如,粉丝量级相当的情况下,互动数远大于该量级达人的互动数,说明可能有多条爆款视频,更倾向于擅长传播的曝光型达人,但不一定能将用户沉淀为可靠粉丝。相反,粉丝互动数远小于该量级达人的互动数,有可能粉丝留存性忠诚度较好,粉丝关注的目的性较强,考虑是转化型达人(直播)而不是曝光型达人。

数据真实性:是一个复杂和综合性判断筛选。看数据真实性,可看是否有删除数据不好的笔记,是否出现前一条和后一条数据相差太多的情况,这类型的账号是否能帮您产出稳定质量的商业内容,是否是后期才将品牌产品内容添加上的。

人设调性:从相应平台获取账号的粉丝画像,评估与投放规划、产品面对人群是否一致。看人设、账号调性、拍摄风格是否与种草规划相关联。有较强粉丝黏性的达人账号,大多具有一个鲜明的人设,而人设与人(运营者)是息息相关的,如果人经常变化,人设很难保持住。因此,在看账号时,需要把运营者考虑进去,防止因为账号运营问题(人员替换)造成损失。

内容质量:看内容是否有明晰的风格以及风格是否匹配,场景是否美观吸引人,产品介绍是否完整,产品种草度如何等(评论提及产品情况及橱窗点击情况)。从单条内容去看,可以看内容逻辑是否严谨,达人介绍是否自然通顺,视频是否吸引人及带动人。

②投放中——监测数据。投放过程中,不少广告主的痛点是:无法实时监测账号的传播情况,无法判断此账号的传播数据是否是真实的。这种情况下可以使用数据分析平台中的监控功能对账号进行监控,提供分钟级的点赞数、评论数、转发数监测,掌握账号热度的走向。(图4-9)

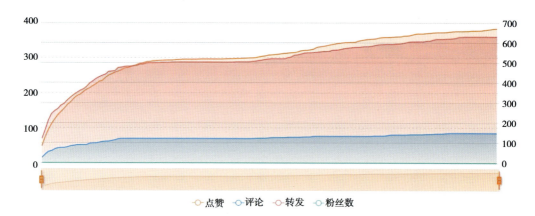

图4-9　投放数据检测

一般情况下,数据分析平台有三种监控方式:即时监控、预约监控、批量预约监控,可以更好地满足在不同情况下的监控需求。我们可以通过查看总量趋势图来判断账号的数据是否异常。如图4-10所示,可以看到此条微博趋势图的点赞、评论、转发等数据是平稳上升的,基本上可以判断不存在数据异常的情况。

③投放后——数据复盘。查看投放内容可看到数据概览、相关评论、用户画像等情况。数据概览有数据增长趋势图,账号互动数据;相关评论可以了解到粉丝们的评论热词;用户画像可以看到粉丝们的年龄、性别分布及关注焦点。通过数据复盘可以对达人运营进行阶段性效果评估。

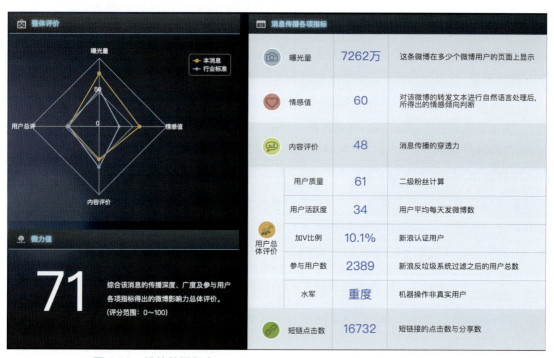

图4-10　投放数据复盘

4.2.2 平台投放机制

对于短视频来说,平台流量是投放的首要指标,流量的大小是指这个平台的用户活跃数量,这个数量越多代表平台的流量越大,没有了流量推荐的加持,再好的短视频作品肯定也无人问津。下面具体介绍平台流量的推荐机制和算法,让我们的内容契合这些条件,打造爆款短视频。不同的短视频平台有着不同的推荐算法,下面以字节跳动系列短视频平台,如抖音、今日头条、多闪、飞书、西瓜视频、火山小视频的去中心化核心推荐机制进行分析。

①兴趣标签。抖音用户都有这样的体验,经常看一类视频较多,那么接下来平台就会持续推荐这方面的内容,直到某天对其他的内容产生了兴趣,平台才会减少之前内容的推荐。这整个过程,其实就是平台在给用户打标签,这种算法标签不管是对于内容观众还是内容创作者来说都是高效率的,这就是平台算法。

内容观众的标签与创作者的领域标签匹配,当然有时候观众看得会比较杂,平台的算法还无法精准抓取他的兴趣标签,这个时候,平台就会把各种领域的内容少量地推荐给他,以此看看用户的反应,假如用户看到你的内容特别喜欢,有点赞、转发等行为,那么下次还会继续推荐同类内容,这样的好处就是,在公域流量池不断为投放主找到精准粉丝。

②去中心化。抖音给每一个作品都提供了一个流量池,无论你是不是大号、作品质量如何。你之后的传播效果,就取决于你的作品在这个流量池里的表现。抖音评价你在流量池中的表现,会参照 4 个标准:点赞量、评论量、转发量、完播率。知道了这 4 个标准,要在视频创作策划初期就围绕这四个要素进行策划创作。(图4-11)

抖音有 8 级流量推荐机制。发布短视频后,会先获得 300 左右的基础流量,通过以上流量算法推荐,进入流量 PK 阶段,主要是与同标签的短视频进行 PK。再根据效果进入下一流量池。值得注意的是,平台的审核制度经常会受政策和现实情况发生改变和调整,特别是进入人工审核阶段,视频技术和内容主题方面都比较严格,需要时刻关注平台制度变化。

③叠加推荐。叠加推荐是指每次推荐的作品被判定为用户感兴趣的内容时,作品会被增加权重,推荐量也会成倍数地增多,像我们看到的几百万赞的视频作品,都是这样一点一点火爆起来的。但一个视频持续热度是有限的,因为平台需要有新鲜内容更新,一般是持续一周左右,不过要是有很多用户都在跟拍或者模仿视频内容的话,视频热度会持续更长时间。

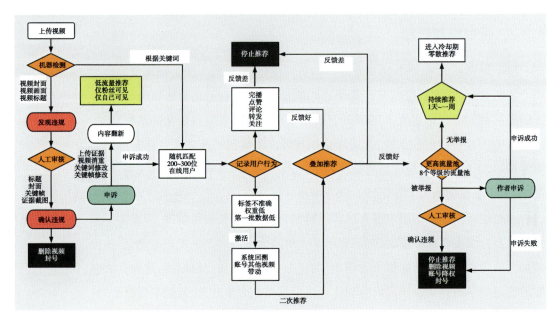

图4-11　抖音算法推荐流程图

④二次推荐。抖音平台的二次推荐规则,俗称"挖坟"。当某个视频的内容火了之后,账号就会有关注,从而让用户去关注账号的其他视频,这时候就会提升账号的播放量和点赞量,抖音会再次对这个视频进行推送,这就可能使老视频再次爆火,算法就会对这个关注的视频进行二次推送。这就是少数网红在某个视频火了之后,他的其他内容也跟着火起来的原因。

抖音推荐算法可以帮助视频观看者和视频生产者更好地链接起来,同时还能根据视频数据更加精准地对用户进行标签定位。平台可以根据这些标签定位和数据结构进行反馈,不断地提升用户体验,吸引更多的用户使用,形成平台—视频生产者—视频观看者之间的一个良性循环。

⑤流量触顶。抖音作品经过 AI 和人工双重审核、初始推荐、叠加推荐层层引爆之后,通常会给账号带来大量的曝光、互动和粉丝。而这种高推荐曝光的时间,一般不会超过一周。之后,爆款视频乃至整个账号会迅速冷却下来,甚至后续发布的一些作品也很难有较高的推荐量。

抖音每天的日活是有限的,也就是说总的推荐量是基本固定的:一方面,跟你内容相关标签的人群基本完成推荐,其他非精准标签人群反馈效果差,所以停止推荐;另一方面,算法也限制了某个账号迅速而长期地火起来,而是通过一轮轮考验,考验账号的内容再创新能力,以及持续输出优质内容的能力。因此,保持内容的优质和原创性,持续输出更多视频内容是获得稳定流量的不二法门。

课后拓展

新媒体出版物相比纸质出版物有着得天独厚的优势,那就是可以通过后台数据或借用第三方平台直观地了解到有多少人看到了推送的内容,有多少人与之进行了互动,从而可以看出这个内容的受欢迎程度,标题是否吸引人,用户是否认同内容的价值观等。因此,科学的新媒体数据分析方法显得尤其重要,只有掌握了正确的方法,新媒体人才能在分析中得出结论,并在下一次内容策划中进行全方位的优化,才能做出得到社会认同的爆款内容。

目前获取数据的渠道越来越多,大部分平台基本功能免费开放,核心功能需要支付会员费用,现推荐以下几个重点平台。

1. 新榜

新榜是一个综合性的内容产业服务平台,在新榜可以搜索到当前比较主流的自媒体平台数据,比如图文为主的微信号、微博、头条号,以及视频类的抖音号、快手、视频号、B 站等。并针对数据产生的时间,分为日榜、周榜、月榜,数据分类也很清晰,包括发布作品数、转发数、评论数、点赞数、新增粉丝数、累计粉丝数等。新榜除了能提供非常详尽的数据信息,还是一个非常好的寻求合作号主的平台,通过科学的搜索能够寻求到与自己的产品或账号定位相似且表现较好的账号。用户可以在平台清晰地看到自媒体平台的整体发展现状,为账号决策提供参考。

2. 神策数据

神策数据是大数据分析和营销科技服务商,可以帮助新媒体人建立用户画像,深度洞察用户行为,深入了解用户是从哪里来,又在哪里消失,找到新的产品增长点,并提供智能运营解决方案。它拥有多维度数据实时分析功能,并根据事件分析、漏斗分析、留存分析、分布分析等 8 大分析模型,协助新媒体人搞定数据分析需求。

数据分析的本质就是通过客观的数据来了解自己的用户,从而优化内容、产品或服务,因此,必须从研究私域流量池着手。对此,我们提供了一份新媒体账号数据分析万能模板用作抖音短视频平台的数据分析。

新媒体账号数据分析				
平台/昵称		主播		
总粉丝量	发布日期	总获赞量		
作品标题		点赞量	收藏量	
播放量		涨粉平均值		
总结分析				

完成数据分析后应着重从标题、选题、定位三方面对短视频进行优化升级,应做到:

1.标题打磨

标题是诱使用户点击阅读的非常重要的条件,尤其是图文类的内容,特别考验标题的撰写。通过横向对比,可以非常清楚地了解到某一个平台用户对标题的喜好度,具有非常明显的平台特色,运营者在不同平台哪怕发表相同的内容,也要根据平台的特点选取不同的标题。但切记在取标题时不能哗众取宠,不能为了博取眼球而沦为"标题党"。

2.选题优化

选题是一个作品的灵魂,如果方向不对,再好的内容也无法得到用户的青睐。这就需要保持账号内容与热点的结合度,一般来说,热点新鲜、刺激、新奇是大部分人的选择,但在"蹭热点"的同时,选题角度不能落入俗套,毕竟追热点的账号层出不穷,可以另辟蹊径,从更加新颖有趣的角度去解读热点,给用户耳目一新的感觉。

3.定位调整

通过用户画像,运营者就可得知自己的用户是一群怎样的人,如果与当初设想的群体不匹配,那么就需要做一个选择:是继续沿着现在的线路做内容吸引现有类型用户的关注? 还是要改变定位做出与目标用户相匹配的内容? 所以运营者必须通过逐渐调整内容的选题,来慢慢实现理想的用户画像,这样才可以实现精准定位。

总结练习

综上所述,在快速变化的时代,以抖音为代表的短视频具有直接多变的表现形式,从而赋予场景强大的生命力。新媒体运营从事者应通过策划品牌、优质、高效地传播视频内容,向客户广泛或者精准地推送消息,提高知名度,从而充分利用粉丝经济,达到相应的营销目的。在内容上,应准备选题及拍摄制作等相关工作,规划好优秀的短视频内容,让产品或品牌深入用户内心,提高营销效果。从短视频受众上,应了解用户画像和用户喜好,更加精准地开展粉丝营销,吸引精准的产品用户,从而形成自己的社群,实现长期的营销转化。

知识练习

1.在用户运营中,新媒体从业者应分析哪些用户行为数据?(   )、(   )、(   )、(   )、(   )。

2.请简述 KOL 投放。

3.新媒体运营的核心是_____。

4.新媒体运营包括(　　　　)、(　　　　)、(　　　　)。

技能练习

1.假设你要做一个短视频账号,请为其制订运营策划方案,明确"用户"和"内容",制订适合的营销推广方案。

2.运用短视频常见数据分析平台,对视频发布数据进行详细分析。

模块五｜全媒体商品直播

2019 年是我国直播带货元年。以"直播带货"为主要形式的商品直播逐渐走入公众视野,成为当今网络经济的新发展方向。各大线上平台纷纷推出直播功能,主流媒体结合自身优势也开始进行直播带货,主动拥抱变化、引领变化,用一种更加亲民、平等的方式,传递着主流价值观。

学有所获

本模块将全媒体商品直播主要流程进行分解,从直播前准备、直播开播和直播复盘三个任务入手,学习直播设备的准备、直播间搭建、直播商品选款、直播脚本策划、直播数据复盘等相关内容。通过本模块的学习,掌握商品直播的规范化流程,以及各重要步骤的实施技能,提升运用新媒体技术进行商品直播活动的综合能力和素质。

课程思政

商品直播活动既是商业行为,也是一种传播行为,既要遵循网络平台的行为规范和语言规范,也要遵循国家网络管理的相关法律法规。传播的正能量自然更加容易被受众所接受。主流媒体也积极开展直播活动,如央视新闻组织了多次支持湖北的直播带货专场,引导国民在网上掀起"我为湖北胖三斤""买光湖北货"的消费旋风。央视通过搭建符合社会主流价值观的舆论引导框架,对帮扶经济遭受重创的湖北等地进行情感渲染,起到了良好的动员效果。

任务 5.1　直播前准备

直播已经成为当下商家营销的一个必要渠道,随着移动互联网发展日益壮大,全国各大行业基本上已经普及了网络化,直播行业应运而生,已经成为很热的领域。开播前准备得越充足,开播后越是从容。直播开始之前,要准备好直播设备、直播文案、直播脚本、直播引流方式。做好所有的准备工作和流程,不仅能让直播顺利进行,还有助于提升直播间人气和流量。

直播间的布置主要是准备直播设备和布置背景墙。直播由视频采集、视频编码、视频传输、视频分发组成。所以直播前需要准备视频采集工具、视频编码工具、网络和直播平台账号。视频采集工具有摄像头、摄像机、机顶盒、笔记本电脑等，视频编码工具有编码器、编码软件等，网络包含有线网、无线网、4G/5G 网络等。

5.1.1 硬件准备

（1）手机直播

手机直播是最常见也是最容易获得的直播方式，一场普通的直播带货，需要的设备主要有：1～2 部手机，手机支架、补光灯、声卡、麦克风等。一般准备两部手机，一部手机作为直播使用，需要有高像素摄像头，保证电源充足，开启免打扰模式，避免被其他消息打扰。另一部手机可供直播助手使用，用来查看评论，截屏互动，监控直播稳定情况。当然，如果需要同时在多个平台直播，也可以用多部手机同时进行直播。另外，可以配备补光灯、话筒等辅助设备，提高画面亮度和声音质感。（图5-1）

图5-1 手机直播

（2）相机直播

随着直播行业日趋走向成熟,用户对直播效果的要求也在逐渐提高,特别是一些需要高清晰度画质的直播类别(例如美妆、才艺类直播),手机直播已经不能完全满足其对画面的要求。相机直播本质上是提升直播画质,让直播画面更加清晰明亮,让主播和直播间背景更有氛围感以及让直播帧数更高,能让用户更舒服地欣赏,而且可以使用电脑端的美颜,电脑端的美颜相比手机美颜要更加自然和不容易变形,还有比较多的直播特效,总之就是提高整体直播内容,从而能帮助流量提升。

相机直播所需设备有:相机、笔记本电脑、相机数据线、HDMI 高清线、高清视频采集卡或者采集盒。同时准备好网络,提前注册好直播账号,下载安装好平台对应的直播软件,开设一个直播账号。(图 5-2)

图 5-2　相机直播

第一种方法:直接用数据线连接电脑,把相机调整到视频模式,打开直播软件,添加"采集信息"后就可以进行直播了。直接用相机数据线,画面质量最高能达到 720P 的标清画质,无法实现高清画质输出,但对于大多数直播间来说已经足够了。

第二种方法:通过使用 HDMI 高清线、高清视频采集卡或者采集盒进行相机直播。使用 HDMI 高清线连接相机,再连接高清视频采集卡,最后连接电脑。这样就可以实现 1080P 的高清输出,如果相机可以达到 4K 的画质,直播中也可以设置为超高清画质输出。

值得注意的是,相机直播需要外接音频,配置音频采集设备。例如,无线话筒、接口式插入话筒等,在直播软件中设置勾选输入设备型号。另外,相机默认长时间开机后有自动关机模式,需要在设置里进行关机时间的调节,以免直播中突然关机。相机此时可只充当高清摄像头功能,而相机光敏元件和光电系统并没有实际工作运转。因此,相机长时间进行直播不会出现发烫等问题。

(3)广播级网络直播

对视频的观看画质和角度要求都较高,镜头有推拉摇移等运动要求的直播画面,一般采用专业摄像机多机位直播方式,同时需要切换台等相关设备的辅助。

所需设备:专业摄像机、移动切换台、网络直播编码器、笔记本电脑、HDMI高清视频连接线及其他音视频线、宽带专线接口、路由器等其他辅助设备。

编码器选择:由于是多机位加上切换台的大型直播活动,连接切换台的编码器不一定是无线编码器,可以选择较便宜的 HDMI 高清编码器或其他合适的编码器。(图5-3)

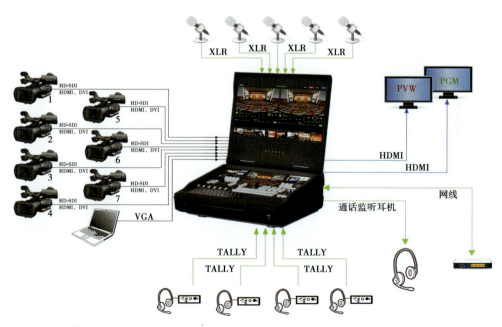

图5-3　广播级网络直播

操作方法与步骤:

①硬件设备架设。在预定方位架设多台摄像机,用高清数据线连接到移动切换台,移动切换台上连接一个 HDMI 高清编码器。

②架设有线网络环境。首先路由器连接专线网络,然后将电脑和无线编码器都连接到该路由器上,确认电脑网络连接正常且能够进入编码器后台进行设置。

③视频直播参数设置。进入编码器管理后台之后,输入从直播平台获取的rtmp 地址,选择视频码率、分辨率以及音频质量等。

④调试移动切换台。查看视频、音频是否正常,开启直播,用笔记本电脑查看并监控直播效果。

新媒体技术的发展也让广播级直播变得更加平民化。在日常直播中,我们可以用高清摄像头代替摄像机来进行多机位直播。通过使用方便的广播级导播系统,突破传统导播台仅接入专业线缆的限制,支持手机扫码接入、ZCAM 摄像机 IP 接入。导播可以一个人控制几台机位,做到信号云接收、云导播、云视讯互动等,让直播更轻松、便捷。

5.1.2 直播商品选款

准备好设备,下一步就要选择展示的商品了。在日常网络直播中,直播商品的用户量是非常庞大的,而选品则是直播商品成功的重要因素。"三分运营,七分选品",商品不在于款式多,而在于定位精准,能够满足目标用户需求才是实现直播带货选品的关键所在。那我们应该怎么样进行选品呢?

(1)选品技巧

①需求量大——能够解决消费者的问题。

②竞争对手少——决定了做起来的难易程度。

③实力商家少——对手的专业度。

④广告费少——投入成本的大小。

⑤转化高——需求强烈,成交率高。

(2)判断产品

①搜索人气——整个平台里有多少想要。

②在线商品数——多少同类型的产品在出售。

③支付转化率——购买的欲望强度。

(3)选品类型

①居家日用类产品。居家日用类产品在电商平台或者其他很多平台都很容易卖出去,因为人们每天都在使用这些东西,需求量很大,也是必需品,自然会更受欢迎。定价是影响用户购买的一个重要因素,如抖音用户主要是年轻人,他们倾向于在一个相对便宜的价位上消费。据有关数据统计,抖音 TOP50 直播商品

排行榜的价格分布区域内,100~300元的商品最受欢迎,而这一价格区间是大多数用户可以接受的。因此,选择一些符合用户心理价位的商品,可以降低用户的决策成本,让消费者在短期内完成购物。

②性价比高的产品。一个合格的产品在生产过程中必然会产生一系列成本,这样就不能以较低的价格长期满足消费者的需求,而具有较高性价比的产品则能吸引消费者购买。当谈论成本效益时,指的是用更少的钱获得更好的或者更多的结果。

③新奇特产品。电商平台同类产品越来越多,利润空间也会越来越小。在这个阶段选品一定要有独特的亮点,在一定程度上区别于其他产品。事实上,最明显的例子就是很多公司会选择在产品中引进国外先进的技术,或者突出一些功能性产品的多功能特点。

④选择榜单上的热门商品。可以利用数据分析工具来查看当下最热门的小店商品,然后选择适合店铺的商品上架。从商品的价格、佣金比、销量、转化率等,分析哪些商品还有持续加热的潜力,哪些商品有机会成为爆款。比如蝉妈妈、飞瓜数据等,每个平台的指标不完全相同,可查看的具体数据也略有差异。如果想要店铺获得更大的利润空间,那么产品必须差异化。如果产品很普通,没有自己的特色,就无法在激烈的竞争中脱颖而出。(图5-4)

图5-4　平台推荐选款榜单

⑤美食饮品类。一般而言，一次直播会有不同种类的商品出现，因为直播观众的年龄并不单一，种类多了，更容易满足大多数用户的需求。例如，在TOP50购物网站上，美食饮料类商品的排名由第一名下降至第二名，而日用百货和化妆品类商品的排名则上升了50%以上。就用户需求层面来说，食品消耗量大，需求量大，是适合在直播间重复推广的类型；日用型和彩妆型护肤品需求主要集中在女性身上，许多人在促销时喜欢囤积商品，但这两种商品不宜重复在直播间推广，需要间隔一段时间。

⑥细分和跟款。对于产品尽量选择小类目的产品，层级越下面，人群越精准。另外，在选品上可以看竞争对手选择了什么样的产品，可以跟随选择。

⑦产品退换货率小。例如，抖音小店区别于其他平台，店铺DSR是非常影响店铺权重的，因此产品的评价、退换货等是非常影响产品成交的。选品选好之后，应当运用自身运营能力，致力于把产品做成爆款，进而给店铺带来更多的流量，获取更高销量。

⑧季节时效性选品。春秋款、夏款和冬款，每个时节选择相应的产品，季节性选款至少提前半个月准备上新。时效性的节日，比如母亲节、儿童节等，根据节日选择上架产品。

(4)选品工具

直播选品，除了根据自己账号或店铺的定位，以及自身对直播商品的洞察力，还可以运用专业的选品查询工具来精确了解产品的各项数据指标，以此来辅助我们选品。目前使用比较多的有"将军令""巨量算数""虾皮"等数据查询工具。下面以"巨量算数"为例，来查询产品直播的数据信息。

①点击抖音首页的搜索框，搜索"巨量算数"，然后点击进入。进入之后，继续在巨量算数这个页面进行搜索。搜索出来的结果对利用大数据选品有非常大的帮助。

例如是做居家百货类目的，可以搜索杯子，然后会出现一个综合的巨量算数指数：综合指数，这里还可以自由切换时间来查看该关键词的搜索情况，如果这个曲线是上涨的趋势，就代表它的需求在上涨，是值得入选的好产品。综合指数包括内容分、传播分和搜索分，分别代表这个关键词在抖音的基础声量、传播声量和搜索情况。(图5-5)

内容关联词　　　搜索关联词

热度趋势：● 上升　● 下降　　相关度　高 ━━ 低

排名　涨跌

1 网红水杯
2 玻璃杯
3 吸管

图5-5　巨量算数选品

　　搜索分高，就代表搜索需求比较旺盛，是高需求的关键词；而内容分代表抖音这方面的内容很多，比如相关的短视频、直播间；传播分的话，就是愿意去分享这个东西的人很多。

　　从上面的综合指数可以看出来，杯子这个产品的传播分很高，搜索分其次，内容分相对最低。这说明抖音上相关的内容较少，但是漂亮实用的东西大家还是非常愿意去传播的，比如分享、点赞等。它非常适合做"猜你喜欢"的选品对象，因为抖音本身就是以激发购买兴趣的电商为主。

　　②往下滑动，可以看到还有搜索指数、关联分析、人群画像等。可以根据整个指数的趋势走向去判断该细分类目的商品现在要不要上架；如果指数最近的走向是上涨的，那就代表这是一个非常好的品类，可以上架。

　　③除此之外，还有搜索关联词。比如杯子的这个搜索关联词就有男士专用、透明、高颜值、吸管、刻字等，我们可以把这些关键词拿到货源平台上去搜索，找一些口碑不错的产品上架到抖音小店，加价来进行销售。但是不要忘记去对比一下抖音上同行销售的价格，和我们货源平台上面的销售价格，判断是否有利润空间，

有利润空间再上架,这样的产品才是高需求的 产品。同时,也可以根据巨量算数这里的搜索关联词和内容关联词,在抖音标题里面用上,增加部分搜索流量。

5.1.3　直播间搭建

一个好的直播间场景,能有效地提升直播效果。但直播间并不是越豪华越好,直播间满足基本的设备、灯光要求就可以开始进行直播,主要还是根据实际需求去搭建直播间。

下面就直播间基本的搭建方法进行介绍。(图5-6)

(1)直播环境和布置

普通直播间无须占用很大的空间,个人主播场地标准为8~15平方米;团队直播场地标准为20~40平方米。直播环境最好是独立的、安静的,面积不用特别大,能陈列直播间的产品就足够。如果做的是服装,场地需要大一点,因为需要有空间整理并挂取衣服。有了场地之后,需要首先保证直播间光线清晰、环境敞亮、可视物品整洁。如果只是做才艺直播,直播间最好以浅色或纯色背景墙为主,以简洁、大方、明亮为基础打造。但需要注意:如果直播间背景墙是白色,一定概率会出现曝光,可以选择一些补光灯进行调整。

图5-6　商品直播间

（2）直播间背景

直播间背景一般不建议用一面大白墙，需要和直播风格、直播产品相符合。直播间一般会采用灯光补光，纯白色的背景容易反光，灯光直射在墙面会直射在观众眼睛里，长时间看这种布置下的直播，人眼会视觉疲劳。可以用深灰色或者浅棕色的背景墙，能够更好地突出主播。新手不用在背景墙上搞太多复杂的东西，一方面会分散用户的注意力，另一方面也会让人感觉很平淡，视觉效果差。当然，也要具体情况具体分析，例如直播间是卖包包、鞋子的，背景可以是鞋柜、包包柜，上面陈列产品就相对比较合适。

（3）直播间灯光

直播间灯光非常重要，好的灯光效果能让主播的气色看起来更好，整个光线效果也更舒适，让观众进入直播间的第一眼就觉得舒服。顶灯可以把直播间整个场景照亮，左右灯光负责增加人物和产品的立体感，卖什么产品，打什么样的灯的配置。直播间的灯光是打造直播间非常关键的因素，正如电影、电视剧灯光的重要性一样，直播间的灯光也能在一定程度上提升直播间的档次。（图5-7）

当下主流直播间灯光布置主要有以下几个要点：直播灯光和背景墙颜色匹配；灯光不应该直射墙面以免引起视觉疲劳；不能把所有的灯光都打在主播脸上，且主播脸部光线需要均匀，不能出现"阴阳脸"。目前直播间选购的灯光多以质感偏柔的暖色灯为主，根据具体的直播需求还可以选择落地灯、桌架灯和移动灯几种，以此起到补光的作用。另外，为了营造氛围，也可以选用一些装饰灯来点缀空间氛围。（图5-8）

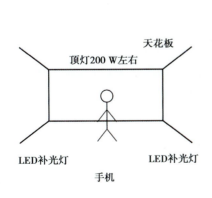

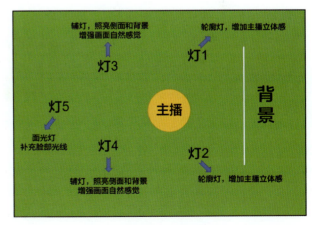

图5-7 商品直播间灯光布置

图5-8　商品直播间灯光

（4）直播道具

搭建直播间常用的道具包括KT版/窗帘、货架、多台手机等。还有一些用来制造氛围的小道具，如小黑板、秒表、电脑屏幕等。还有一些主题道具，如衣架、站台、零食直播间的碗和锅等，需要跟直播间的产品相匹配。

案例1：服装直播带货

一般的服装直播间搭建，大概需要以下物品来布置空间：

①衣架。必备物品，建议挂满当天直播间销售需要用到的服装。

②假人模特。作为服装展示，1～2个即可。

③地毯。地毯是最容易被忽略的布置道具，但是它的作用却非常大。使用一些北欧风、绒布地毯可以大大增加直播间的高级感，提升格调。

④圆形或方形展示台。这类展示台往往在长裙、婚纱类服装直播中经常用到，加上展示台辅助就可以很好地展现产品的优势。

案例2：美妆直播带货

不同于以站姿为主的服装类直播，美妆直播间搭建有以下几点布置建议：

①准备专用直播桌，方便直播产品的放置以及推荐。

②使用低靠背主播椅，要考虑长时间坐姿舒适度，保证长时间试装、展示色号等。

③背景货架。美妆直播背景最好放置展示柜，体现出层次感，也方便讲解。

5.1.4　直播预告

直播预告一方面能达到给直播间引流的效果，另一方面进来的流量更精准，有利于提高直播间的互动及成交。一个完整的预告一般由标题、简介、封面、购物袋四个方面组成。

　　预告的封面图是重中之重，因为用户正常的反应是先看封面，再看标题，然后去看简介，所以你的封面设计需要非常吸睛。关于封面和视频的要求，要根据平台要求来进行制作。例如，封面不能有产品 LOGO、大面积黑色等，封面尺寸和视频大小也有具体规定，PC 端和手机端的尺寸会有不同，但内容要求一致。各个平台规则不一样，但也大同小异，需要在制作预告时详细阅读规范操作。(图5-9)

图5-9　商品直播预告封面

(1)短视频预告贴纸

　　短视频平台为了方便发布直播预告，推出了短视频预告贴纸。在上传视频到平台上时，可以在设置视频封面里，添加直播预告。具体做法是：上传视频时点击右侧贴纸，选择直播预告贴纸，设置直播时间，就设置成功了。用户点击了贴纸上的想看按钮，无论他是不是直播人员的粉丝，都能够收到开播提醒。在开播前10分钟,会收到官方的通知,能显示出多少个人观看了直播预告。直播中也会时时提示哪位观众是通过直播预告进入直播间的,直播结束还会有数据总结。

(2)个人页直播动态

除了运用直播预告视频、设置封面和贴纸来进行直播预告,还可以在平台个人主页进行直播预告。点击平台个人主页,设置或者是修改直播公告,设置成任何人访问主页,这样就能够在直播间动态栏看到直播公告,并且能标记"想看"来进行预约。

(3)商品清单直播预告

这种直播预告的方法能够引导粉丝在抖音搜索昵称,提前了解直播信息或者把直播的预告分享到其他的平台,直播开始之前,抖音也会给点击过预约直播和想买的消费者发送信息,引流直播间。

在准备预告的时候,需要筛选直播中的优质内容,对这些内容进行包装推广及直播广场浮优操作。发布后用户可提前通过预告了解直播内容,感兴趣的人就会点进直播间,这些都是你的精准用户,成交率比较高。另外,可以在预告里提前上线产品。开播后,根据产品特点,后台大数据会通过计算匹配更多的精准用户。

要注意,以上所有形式的开发预告一定要保证和真实开播信息一致,如果被发现信息有误,导致消费者的权益受损,会被取消预告功能。

任务5.2 直播开播

做完以上的工作,我们就要准备正式开始直播了。用直播脚本定流程是直播开播前的必要步骤,通过脚本设置,提前安排好直播要走的每一个流程,以保证直播能确定目标压制泛流量,精准流量高度转化。

5.2.1 脚本策划

直播开播之前,要对直播的各个环节进行规划设计,需要策划一份直播脚本,用来规划和指导整场直播,防止冷场,控制直播节奏等,包括时间、地点、商品数量、直播主题、主播、预告文案、场控、直播流程(时间段)等。

（1）策划脚本

开播暖场：打招呼、介绍自己、欢迎粉丝到来，今日直播主题介绍。

引入话题：根据热点、直播主题、产品日常需求或者痛点引入话题，介绍产品。

产品推广：重点分享产品功效、价格以及优惠，让用户快速获取信息。

直播互动：用福利留住用户，通过游戏、聊天等方式和观众互动，穿插回答用户的各种问题。（图5-10）

（2）直播活动设置

①开场满送（开播前为了聚人气，直播间人满多少，抽奖）；

②整点抽奖（每到整点，截屏抽奖，让粉丝持续关注你直播）；

③问答抽奖（直播间设定问题，答中抽奖）；

抖音服装带货直播稿

序号	时长	流程	步骤	直播稿内容	备注
1	1	开场	自我介绍	哈喽大家好，欢迎各位老铁来到咱们的直播间，我是×××主播，欢迎。今天是××××的节日，在这个特别的节日，我预祝各位女神购物愉快，买得爽爽，看得爽爽。××今天会为大家介绍下面的好礼物、好产品给大家。	打招呼 关注说3遍
2	2	开场	活动主题介绍	今天，给大家准备了一些礼品，也准备了一些抽奖，奖品有哪些（……），还有一些秒杀券，同时还有以下几种贴合女生，提升气质美丽的饰品之类。 无论，你是南来的北往的，上班，创业，上学的，今天，统统都有机会获得这些产品，以及我们的奖品抽奖。 大伙可以先转发我们的直播间，通知身边的朋友也来参与，人多力量大，争取抽个全家桶，人人有中奖。	主题吸引 关注说3遍
3	3	产品介绍	价值开发	直播间的宝宝们，我先给大家展示一下衣服的效果，今天的衣服、价格，不是我来决定，而是你们来决定，现在，大伙在直播间，把1扣起来，扣起来，人数越多，那么，我们赠送的就比较多，优惠得就比较大。 今天，直播间购买，多买的，还有其他小礼物赠送。	扩大梦想、需求、痛点，增强自家产品优势
4	2	产品介绍	产品介绍	下面，我们来介绍一款，福利款。 今天，大家把直播间分享出去，今天，这款衣服喜欢不喜欢，喜欢的把1扣起来，扣得越多，我们降价越多，现在的价格是2800，直播间扣一个1我们少10块，今天，抽到奖的宝宝就可以用极低的价格拿到，甚至是免费。同时，咱们直播间人数达到了1000人，那么我们价格直接降到500元，我们准备开始抽奖，我倒数几个数，时间到，拍一下的，我直接免费抽不好，好还是不好？直播间的宝宝们把666刷起来如何。现在衣服，降500再刷起来，现在是300，刷起来，现在要准备降到59元，有没有想要的，刷起来（小号可以自己下单，看情况，也可以由粉丝真实产生）。今天，我们准备了10个最大优惠。	产品展示为主 关注说3遍
5	3	抽奖	抽奖	今天：我们的衣服，准备了多种风格的衣服给直播间的宝宝们挑选！ 第一款：气质靓丽风格，第二款：休闲风，第三款：淑女风，第四款：职场风，第五款：港风…… 第一款：成熟气质，这款衣服好搭配鞋子，质感非常好，我现在在镜头前给大家仔细地看看，这个衣服的设计，能让你看上去身材很好！颜色很好，非常方便搭配衣服，很有气质。我穿在身上给大家看看如果，你喜欢哪件衣服，直接屏幕上告诉我，我都帮你试装，看对眼了就买下，今天，凡是关注了咱们直播间的宝宝，今天，我都给你们一个超级福利。大家看到了吗？这件衣服，天猫店售价是1000块，今天，只要是关注了咱们直播间的宝宝，我给你们一个超级福利，接下我数10下，拍下后的粉丝宝宝，你只需要48块钱就可以买到这款原价1000多块钱的衣服。同时，我们还送搭配的围巾、帽子、墨镜等福利。因为赠品有限，所以大家拍的时候动作要快！我开始倒数10个数，客服把价改。10、9、8、7、6、5、4、3……2……2……222……1好了，客服把价格改回来。	让大家多转发 关注说3遍
6	2	秒杀	第一轮秒杀	我们的衣服，活动期间秒杀，获取秒杀购物券（找客服拿秒杀券）限时秒杀，只限2分钟。	秒杀指引 直播间主播介绍 关注说10遍
7	2	秒杀	第二轮秒杀	获取秒杀购物券（找客服拿秒杀券）秒杀期间，还有其他赠品，找客服备注，送小样。	
8	2	秒杀	第三轮秒杀	获取秒杀购物券（找客服拿秒杀券）今天有活动，不是每天都有这样的机会！秒杀时间段才有优惠，收到货了，补差价给粉丝宝宝。	

图5-10 直播策划脚本

④限量秒杀(季节性爆品做限量秒杀,在直播间氛围低时推出,瞬间拉高人气);

⑤神秘黑盒(福袋,商品搭配,一口定价,盲拍,开袋有惊喜)。

直播现场最重要的是把不同的商品以不同的展示时长在直播间呈现,常见直播时长分配节奏有221结构。就是把直播时间按2:2:1的时间节奏进行分配,分三步进行。

第一步:介绍产品4个要素,即3卖点+3背书+3使用场景+3对比分析。

①商品卖点:突出商品的包装、品质、实用程度、价格等特点;

②商品背书:提升商品的信任度,包括工厂、品牌、成分、含量、奖项、名人等;

③使用场景:可以通过用户使用场景以及功能性场景两方面进行展示;

④对比分析:不同平台、不同活动期间进行价格比较,同行竞品做到人无我有,人有我优。

第二步:优先开启限时、限量、限购的秒杀价,重复强调产品的卖点和对比,促成直播下单。

①做好充分铺垫,此时正式宣布价格,让用户感觉"物超所值";

②再次强调促销政策,包括限时折扣、下单送等价礼品、现金返还、随机免单、抽奖免单等促销活动,让用户热情达到高潮,促进用户集中下单。

第三步:互动+抽奖(提高直播间人气,增加用户直播间停留时长)。

用户进入直播间,无非是这三大原因:学东西、捡便宜和社交需求。对比传统电商平台,直播卖货的一个优势是:既可以让消费者购买到性价比高的产品,也有机会学习到产品知识。这一点就需要在直播主题上面真正体现出来。

5.2.2 上款设计

在直播前,我们已经选择了适合的主打产品,而在直播期间上款则是至关重要的一步。如果有大牌产品,可以放在显眼的位置来吸引用户眼球。如果是卖零食,可以多放一些产品,看上去很多很丰富。记住一个原则:最有分量、最有重点的放在最显眼的位置。其实排品是为了承接流量和把流量最大化地利用。

开播前10分钟左右,平台一般会根据你账号的权重给你推第一波流量,第二波流量会根据你第一波流量的承接程度来推。所以说第一波流量来了之后,一定要用一个极高性价比的福利款把人留住,在集中转化瞬间提高转化率,第二波流量会根据你第一波流量的转化人群标签来推。因此,如果第一波流量承接得不好,就会直接影响到第二波流量。产品布局策略首先是福利款,然后是主打的承接款(爆款),接着是利润款。所以前期一定是从低价开始给出福利款,中间用爆款去承接流量稳定流量,最后人数稳定可以上利润款。产品的排序一般为:低—中—高—低—中—高[福利款—承接款(爆款)—利润款],下播前用高价产品收尾,配合几款引流产品结束。(图5-11)

图5-11　直播上款类型

(1)引流款

能够为直播间短时间内带来一定流量的产品,也叫留人款。

①普适性:大多数人都认识,大部分人都需要;

②性价比高:一眼就能看出来,这个产品极具性价比;

③采购成本低:有供应链优势,能实现较低的采购成本;

④品牌优势:越是知名品牌,越能够吸引粉丝。

(2)福利款

性价比很高,无利或微利,以往特别受欢迎,有固定产品用户的产品。

①性价比高、大众需求、微赚或者是少赚;

②市场热门爆款,与利润款不冲突;

③福利款价格高于引流款,低于利润款。

(3)利润款

能提高直播间整体利润率的产品叫利润款。

①同行7天里面热门的爆款和同款,或者叫相似款;

②抖音有同款,但相比同行性价比有优势的爆款;

③符合目标需求,且抖音同行没有或者说少有的潜力爆款。

除此以外,直播间通常还有常规款,就是我们直播间里面按照常规定价来卖的,固定用户也比较熟知的产品。另外还有形象款,是提升直播间档次格调的产品,本身属于微利润或者零利润的产品。在直播中,我们要对直播间选品进行精心的排品,在策划脚本中明确上款的时间、步骤,从而配合整个直播的节奏。

5.2.3　节奏配合

直播控场,简单来说就是,全权把控直播间的正常节奏,不管是评论走向还

是成交转化,都能把控好。做好直播控场具体如下:

①卖点,场控要强调主播说的卖点。比如,主播说,这件衣服好显瘦啊。场控就可以在评论区说:啊,真的好显瘦,我朋友昨天还问我最近是不是瘦了。

②好评引导下单,主播上架商品的时候,场控在直播间里充当老粉发评论:昨天收到的比我800块钱买的裙子细节做得还好啊!

③控评,比如有人在直播间带节奏,要求秒杀福利。这个时候主播不好拒绝,场控就可以在评论区说:这件衣服的另一个颜色试一下看看吧。这样就能让主播忽略"羊毛党"去控节奏。

④承接流量的时候控场,当直播间新推荐了一波流量过来的时候,要承接住新流量,场控就可以在评论区直接提问说:今天二号链接是不是半价秒杀?这样就能让新进来的用户关注到这里原来是有活动的直播间,把用户留在直播间。除此之外,主播也要有自己的节奏和人设。

最后要注意,主播得有感情而不是一个卖货机器,要在直播间有选择地去推荐产品,去了解粉丝的需求,去区分好人群,什么样的人能买什么东西,不想买什么东西,粉丝能够逐渐增加对你的信任度。节奏有快也有慢,直播就像是你对面有人,把产品介绍和价值塑造层层递进地说,越往后越慢,切换插播讲解后也是先快后慢的,而不是全程背词。诚实守信,卖真货也要付出真感情,才能够打动消费者。

任务5.3　直播复盘

每场直播一般都要进行一次复盘,而且单周或者双周还要进行一次大复盘,只有复盘才能不断进步,直播的结果一定是团队的协作成果,没有一个人能单独做好一个直播间。

直播复盘要进行人员、货品摆放、场地、道具、标题、封面图等维度的复盘总结。直播问题方面,一般分为转化问题、留存问题、流量问题、货品问题、协同问题这几块,提出不足之处,思考并整理出解决方案。同时也可以指出优点和亮点,如果团队成员都同意,可以放进SOP(Standard Operating Procedure,标准作业流程)当中,作为每次执行的标准方案。直播复盘内容包括:

①各岗位分工复盘(不同角度的经验总结);

②组织团队看回放(总结细节);

③复盘数据:最高在线、累计互动、分享次数、商品点击;

④进阶数据：分时段人流、促销活动人群变化、商品流向变化。

5.3.1　直播岗位复盘

直播过程是团队所有成员配合的过程，因此，直播过程复盘需要清晰地了解直播过程中每个人的工作是否执行到位，有人缺席时是否有人补位，有突发状况时是否按照预案执行。

（1）场控

场控作为正常直播的指挥官，也是复盘的组织者，随时观察直播过程中的任何事情，时刻要关注今晚的目标达成情况，在线人数低的时候要组织加大引流、上福利、留住人并增加互动等方案实施，对正常直播的稳定性和高效性负责。

直播间出现的场控需要关注产品上镜没有特点（在服装行业比较突出）、产品要点归纳不足、预估直播数据出现偏差、直播中突发状况无法做出有效判断等问题。

（2）主播

主播是直面用户的第一人，只要不是特殊产品或者特殊直播间，一般都会选用高颜值的主播，身高体重符合产品特点，口头表达能力强、应变能力强、抗压能力强。有自己对产品及直播间的独特见解，能主导或参与选款、卖点归纳、产品展示方式、直播玩法策划、复盘优化等事项。要有优秀的状态调整能力、语言表达能力、善于总结并持续优化的能力。

直播过程中，主播一般可能出现的问题有：在线人数激增时无法承接流量、直播间节奏出现偏差、黑粉出现时的临场反应不佳、粉丝提出专业问题无法及时回答、产品介绍卖点错误且混乱（特别是服装穿搭出现明显问题）、直播间号召力差、催单逼单付费能力弱等。

（3）副播

副播在直播过程中充当主播助手的角色，需要应变能力强、激情活力充足、与主播配合度高。在主播介绍有困难时能制造话题、烘托气氛。在粉丝要看细节时，第一时间给到产品近景，在做福利时，详细介绍规则及抽奖操作，直播间粉丝有任何问题都要冲到第一线快速解决。

副播在直播中会出现激情不足无法调起直播间氛围、与主播配合不佳、产品细节展示不清晰、优惠券发放不及时、问题回答或者解决不及时、传递道具错误等问题。

（4）中控

中控的工作内容比较简单，一般就是后台的操作，产品上下架、价格及库存的修改、配合主播进行数量的呐喊、优惠券的发放、实时的数据记录等工作。

中控在直播中可能出现产品上下架操作失误、库存数量修改错误、逼单催单气氛配合度不足、声音不够洪亮、实时问题出现后没有进行记录等问题。

（5）投手

投手的主要工作内容是为直播间引流，不管是直播间画面短视频或者引流短视频的准备和发布，还是数据平台的检测，都需要做好及时调整和输出。试想如果其他人卖力卖货都做得很好，但直播间在线人数很低，就非常可惜了，所以及时为直播间带来精准付费人群是投手的第一要务。

直播过程中，投手可能出现引流人群不精准、转化率不足、上福利款时直播间人气偏少、制作的计划跑不出量、只有浅层数据没有深层数据等问题。

以上就是直播的五位重要团队成员在直播时的主要工作以及会出现的常见问题，直播过程的复盘也就是针对直播过程中出现的工作错误进行反思及给出解决方案。如果在直播中可能发生重大失误，还需要提前做好预案准备，防止重大失误带来极其严重的后果。

5.3.2　直播数据复盘

互联网平台运营的策略都是指向一个目标，那就是最终的数据结果，直播电商也遵循这个规律。因此，直播人员如果不懂数据分析，商家直播再久也没有效果。与传统的电视购物频道相比，互联网平台直播带货的用户数据是可控与可视的，这也意味着我们能够通过分析数据的方式来衡量直播的效果。目前有多款常见电商数据平台，例如"飞瓜数据"等，可以提供包括直播数据在内的多维度的电商数据、达人榜单排名、直播推广等实用功能，以及针对直播运营及广告投放方面效果监控的专业工具。下面介绍几种常见的数据复盘指标。

（1）人气峰值和平均在线人数

这两个数据决定了直播间的人气，数量太低根本就没有变现盈利的可能，一般平均在线 50 人就有直播带货的变现能力，当然这是基本条件。试想，如果持续维持在 50 人以下，根据成交额=在线人数×转化率×客单价的公式，很难做出有较大盈利能力的直播间，除非是卖单价 1 万元以上的高毛利产品，但谁也不能确保每日都有成交订单。

直播间的产品一般客单价和毛利比较低，高客单价产品一般也是线下成交为主，所以不要有走捷径、碰运气的想法，老老实实先把直播间人气做上来。

（2）平均停留时长

直播间里平均停留时长是靠内容吸引力,平均停留时长越长,说明观众对直播间的兴趣越大,一般取决于选品能力和主播留人能力。一般直播间的平均停留时长在 30～60 秒,而好的直播间的平均停留时长在 2 分钟,这就需要非常好的选品技巧以及主播的个人魅力。

有新用户进来之后的欢迎语、与观众的互动技巧、吸引关注点击的商品、最详细最美观的产品介绍资料等都是能决定平均停留时长的点,有能力的直播间可以努力把数值做大,对直播间标签的建立和自然流量推荐都有非常好的助力作用。(图 5-12)

图 5-12 直播数据复盘

（3）带货转化率

带货转化率=下单人数/总场观人数,是综合维度的一个考量,最重要的因素就是主播的带货能力。行业平均水平在 1%,好的主播能做到 3%,但要注意,明星的转化率也不一定会很高,因为明星自带粉丝流量,大部分用户是带着观赏的目的进入直播间,因此购买欲望不一定会很高,明星直播间的转化率一般在 0.5% 左右。

所以在主播试播时,也可以着重关注转化率这个指标,其实是一个非常好的考核主播带货能力的标准,其他的话术能力、催单能力、专业能力毕竟都是客观感受,而转化率却是实打实的数据标准。

（4）UV 价值

平均每个访客产生的价值叫 UV 价值。UV 价值=成交额/总场观人数,代表每个观众对直播间的贡献值,高 UV 价值也表示粉丝拥有极强的购买能力,可以用更好的高利润产品深挖粉丝的消费潜力。直播间中位数的 UV 价值在 1 左右,好的直播间的 UV 价值可以达到 3~5,甚至最高的场次可以做到 10 以上,所有精准粉丝的引入是做好直播间高 UV 价值的决定性因素。

5.3.3 直播调整改进策略

(1)注重商品质量,强化产品链支持

在直播平台上,产品的品质、对主播的信任度和定价的优越性是最重要的因素。所以在选择产品时,关键在于产品的品质,而品质的优劣,不仅会影响到消费者对产品的看法,而且还会对直播平台的人气造成一定的负面效果,如果出现负面评价,那么人气就会直线下降。这会对主播的职业发展产生很大的冲击,所以在选择产品的时候,要慎重,必须要有一个好的体验。在爆品市场上,一个重要的环节就是产品的价格、质量和利润。确保产品的品质与价格上的优越性,同时也可以保障消费者的权益,减少返回率。

(2)提高主播的专业素质和客户的忠诚

要清楚产业的特性和发展趋势,并结合自己产品的特性和直播的特性,打造符合自己特色的主播模式。学习一线主播的优势,从其他主播及平台中汲取优势,弥补自己的不足,提升自己的职业素养,提升自己的实力,提升自己的竞争优势。在进行直播前,主持人要熟悉产品的简介和价格。通过对产品历史、品牌文化和商业环境的理解,来进行即时的沟通,以增加即时的产品内容。主持人要使观众感到自己的激情和气氛,要能熟练地使用修辞手法、语言语调、成语、句子来向观众传递产品的含义。

(3)提升直播间整体风格

首先是将整个直播室的装修风格升级,从原来的货架变成了一个陈列柜,里面的物品都被整理得井井有条,营造一个清洁的现场直播氛围。设置隔音棉片,消除现场噪声。清点样品,将自己需要的样品全部整理归类,然后根据实时的信息,为自己的产品拍摄不同类型和风格的视频。弹性的商品推荐,除了每日的热点,还有其他不同的内容,可以随时向使用者进行产品的推介。

(4)互动活动提高客群黏度

直播的时候,可以点击观看,可以抽到礼物。在每周的某两日或者某一日,准时下单和订阅的人可以通过抽签获得礼品,并将未看过直播的人吸引到直播中。和主播交流可以得到礼物,提升直播间的气氛和人气。让直播间形成热烈的互动感,吸引用户参与活动。面对人气不高的问题,可以通过日常的打卡,获得更多的关注,直到有新的活动。如果粉丝级别高,可以把小礼物送给粉丝,也可以通过一些特别的方式,让粉丝们能感受到你的日常生活。随着时间的推移,主播会有自己的固定粉丝,而且还会在平时向更高级别的粉丝发优惠券,这样就能让他们二次消费了。

课后拓展

自 2016 年广电总局制定首个网络直播监管政策以来,相关部门在网络直播领域已出台十几个专项管理文件,政策出台之密、参与部门之广、管理环节之细,凸显了网络直播监管的复杂性。作为新媒体直播活动的从业人员,要以积极正确的态度融入网络直播发展浪潮之中,科学、合理、有效、规范地运用网络直播这种新媒体手段,在适应不断变化的当代生活中分享新媒体发展产生的丰厚"社会红利"。日前,《关于进一步规范网络直播营利行为促进行业健康发展的意见》《关于加强网络视听节目平台游戏直播管理的通知》相继发布。相关部门出台多个文件持续规范网络直播行为,强化协同监管,完善综合治理体系,以下是相关法律法规的部分发布列表,供大家拓展学习。(表5-1)

表 5-1　网络直播法律法规

时间	主管部门	文件名称
2016年9月	广电总局	关于加强网络视听节目直播服务管理有关问题的通知
2016年12月	国家网信办	互联网直播服务管理规定
2018年2月	广电总局	关于加强网络直播答题节目管理的通知
2018年8月	全国"扫黄打非"办公室等6部门	关于加强网络直播服务管理工作的通知
2019年10月	广电总局	关于加强"双11"期间网络视听电子商务直播节目和广告节目管理的通知
2020年11月	广电总局	关于加强网络秀场直播和电商直播管理的通知
2021年2月	国家网信办等7部门	关于加强网络直播规范管理工作的指导意见
2021年3月	市场监管总局	网络交易监督管理办法
2021年5月	国家网信办等7部门	网络直播营销管理办法(试行)

续表

时间	主管部门	文件名称
2022年3月	国家网信办等3部门	关于进一步规范网络直播营利行为促进行业健康发展的意见
2022年4月	广电总局、中宣部	关于加强网络视听节目平台游戏直播管理的通知

总结练习

商品直播依托新媒体技术和平台,过程中所产生的画面、声音都是实时传播给用户。其互动性是技术赋能,给直播带货带来了巨大的吸引力和流量,同时也蕴含着巨大的发展潜力。直播过程中的评论、点赞、送礼物等互动形式也拉近了传播者和用户的直接距离,甚至可以形成群体式的聚集与狂欢。商品直播本身就是直播与电商的融合,它打破了内容与行业之间的壁垒,改变了单向传播的信息传播方式。在直播中,主播的素质直接决定了直播的效果,直播活动要符合国家法律法规和平台规定,积极探索时代发展特性,尝试更丰富的直播风格,转变选品策略,注重产品质量,使商品直播水平更加有内容有内涵。

知识练习

1.商品直播中包含哪些岗位? 其中场控的主要职责是什么?

2.有哪些常见的商品直播选品工具,请列举出 3 个以上,并简要说说其功能。

3.商品直播数据复盘有哪些常见参数? 各参数代表什么含义?

4.什么是 UV 价值? 其数值在 3~5 代表什么?

技能练习

1.以小组为单位,根据食品类直播搭建直播间,布置好直播设备和灯光。

2.以食品类直播为例,运用常见选品工具进行选品并完成直播策划脚本。

3.根据直播策划脚本完成一场食品类直播,并进行复盘。

模块六 | VR 全景影像制作

VR 即 Virtual Reality（虚拟现实）的缩写，VR 全景影像是一种新型的实景视觉展示技术。观赏者可以通过全景图片或全景视频全方位互动式观看真实场景。通过人机交互，还可以实现场景中的热点链接，多个场景之间的虚拟漫游、雷达方位导航等功能，让体验者在各个场景中随意走动，如身临其境。

VR 全景影像主要分为 VR 全景图片和 VR 全景视频，VR 全景影像的应用范围十分广泛。例如，房产 App 上看到 VR 实景看房的服务，这就是全景图片漫游的效果。央视网、新浪网、爱奇艺等多家媒体平台已经开设了 VR 频道，VR 全景新闻报道、全景纪录片等已经成为全媒体内容的新常态。全球首部采用索尼 4K 摄影机拍摄的全景电影《HELP》于 2016 年在美国上映。2022 年，威尼斯电影节金狮奖作品《苍穹》运用 VR 全景沉浸式交互体验效果，让观众身临其境感受到了宇宙的浩瀚和神秘。

VR 全景影像可用于房地产样板房、汽车 4S 店、医疗直播教学、新闻媒体赛事直播等行业，改变传统的平面照片单个视角的问题，使全景照片或者视频更有沉浸感。（图 6-1、图 6-2）

图 6-1　央视网 VR 新闻报道

图6-2　央视网 VR 新闻报道

学有所获

通过本模块学习,学生掌握 VR 全景影像拍摄制作的硬件和软件环境;掌握 VR 全景图片、视频的常规拍摄和编辑技巧以及步骤方法;掌握 VR 全景影像互动式漫游的制作技巧;理解并掌握 VR 全景影像的实战案例。在此过程中,学生应培养提升对全媒体新技术应用场景的认识,领会在多种场景中灵活使用 VR 技术达到媒介传播的目的。通过对具体实战案例的操作,提升学生对 VR 全景影像内容的策划能力,培养学生对新时事、新热点的捕捉能力,提升学生关心时政、关注社会和身边事的综合素质。

课程思政

VR 技术所获得的关注与日俱增,尤其影视产业,VR 已成为一个无法回避的话题。一项有关 VR 消费者的调查报告显示,2017 年全球 VR 硬件营收同比增长142%,全球范围内在 VR 和 AR 技术上的总花费达到 139 亿美元,而其中一半都来自消费级市场。作为新时代的青年人,要与时俱进,关注新兴产业和技术,抓住时代的机遇,用创新思维和创新能力去探索更广阔的专业领域,用创新创造自身价值。

任务6.1 全景拍摄设备准备

6.1.1 单反数码相机拍摄

单反数码相机一个很大的特点就是可以交换不同规格的镜头,这是单反数码相机天生的优点,是普通数码相机不能比拟的。在全景图片拍摄中,要使用广角甚至鱼眼镜头来进行全景图片素材的拍摄。一方面是因为鱼眼镜头成像范围大,有助于图片拼接;另一方面,单反数码相机成像质量高,拼接后的图片清晰度更高。因为在关系数码相机摄影质量的感光元件(CCD 或 CMOS)的面积上,单反数码相机的面积远远大于普通数码相机,这使单反数码相机的每个像素点的感光面积也远远大于普通数码相机,因此每个像素点也就能表现出更加细致的亮度和色彩范围,使单反数码相机的摄影质量明显高于普通数码相机。(图6-3)

图6-3 单反数码相机

(1)鱼眼镜头

鱼眼镜头焦距为 16 毫米或更短,并且视角接近或等于 180 度。它是一种极端的广角镜头,"鱼眼镜头"是它的俗称。为使镜头达到最大的摄影视角,这种摄影镜头的前镜片直径很短且呈抛物状向镜头前部凸出,与鱼的眼睛颇为相似,"鱼眼镜头"因此而得名。

图6-4 鱼眼镜头

鱼眼镜头与标准镜头拍摄 VR 影片的优势,一个 360 度的全景图用鱼眼镜头来拍摄制作,只需要拍摄几张就可以扫描完成一个场景。运用鱼眼镜头虽然拍摄张数减少了,但由于鱼眼镜头近大远小的透视感强,也会导致图像一定的畸变。标准镜头成像畸变程度小,更接近于人眼视角,但由于视角不够广,要拍更多张单张照片才能够保证后期的完整缝合拼接。要根据实际情况选取合适的镜头来进行全景素材图片的拍摄。(图6-4)

（2）三脚架

三脚架是用来稳定照相机的一种支撑架，以达到某些摄影效果，三脚架的定位非常重要。三脚架按照材质分类，可以分为木质、高强塑料材质、铝合金材料、钢铁材料、火山石、碳纤维等多种。选择三脚架的第一个要素就是稳定性。（图6-5）

三脚架的使用方法：

①在展开每支脚管时务必打开至最大限度为止，并全部展开三支脚管。

②三支脚管也必须展开到最大限度才不易移动。

③将三脚架的其中一支脚管调到镜头的正下方进行拍摄，另外两支脚管面向拍摄者的方向，这样拍照的时候才不会碰撞到脚架。

图6-5　三脚架

④检查固定座，看固定座是否固定完好，若没有固定完好，则必须再次固定。

⑤找出水平线，找出水平线的目的在于在使用时方便核对三脚架是否平稳，以保证使用的效果。

（3）720全景云台

全景云台可以使相机进行720度旋转拍摄，多角度拍摄多张照片，后期进行拼接缝合，合成为整张球形的全景图。一般三脚架上的球形云台在拍摄时，不太好掌握拍摄的角度和张数，拍摄者只能靠个人经验进行角度的选择。运用720全景云台，可以利用云台上的刻度标识，方便地找到准确的拍摄角度。（图6-6）

图6-6　全景云台

（4）全景电动装置

在拍摄全景图片时,可以利用电动全景遥控器自动控制单反数码相机甚至手机的拍摄角度和拍摄张数,与720全景云台的工作原理类似,电动全景遥控器不用人工手动操作相机和云台,依靠遥控器自动控制相机。(图6-7)

全景视频拍摄还可以选用电动拍摄小车,保证全景视频移动拍摄过程中画面的稳定性。除了运用在全景拍摄中,还可用于延时摄影、跟焦拍摄等场景。

图6-7　电动拍摄小车

6.1.2　全景运动相机

全景运动相机简称全景相机,是指能够拍摄垂直360度、水平360度全空间影像的相机,除了相机自己所在的位置是一个黑点外,能够将身处环境都拍摄进画面,尤其适合用VR设备观看。主流的全景相机的种类有两大类:一种是多个运行相机通过全景云台组合,然后经过软件将多个画面拼接起来;另一种是双镜头实时拼接相机,通过算法在拍摄的时候就将在全景相机内部拼接合成全景图像,无须后期处理即可观看无死角的全景视频。

全景相机能拍摄全景相片或全景视频,通常为运动或旅游爱好者所使用。例如,在雪山上拍摄令人震撼的全景照片,在骑行时记录主观视角的全景动态影像,跳伞时记录惊心动魄的全景瞬间和视频,还可以用于水下全景摄影和视频拍摄。全景运动相机体积小、携带方便、操作简单,全景拍摄初学者很容易上手。一般全景运动相机的厂家还提供手机编辑软件和分发平台,可供拍摄者实时剪

辑上传分享全景图片和视频内容，受到年轻人的喜爱。（图6-8、图6-9）

图6-8　全景运动相机

图6-9　全景运动相机拍摄

6.1.3 专业硬件环境

对于业余全景摄影师来说,拍摄一张高品质的全景照片并非一件轻松的事情,大多数拍摄者都是使用单反数码相机。单反数码相机的缺点是:第一,拍摄效果主要看拍摄者的技术和经验,需要长时间掌握;第二,在拍摄有大量行人等动态物体的场景时,动态物品会出现模糊、重影等现象;第三,拍摄大量全景点效率低,后期管理、编辑困难,更无法完成大面积街景拍摄。而专业的全景相机可避免这些缺点,下面介绍专业级全景相机。(图6-10)

图6-10 Insta360 GoPro 专业级全景相机

GoPro 专业级全景相机组装使用如下:

①放置电池及内存卡。每颗镜头有单独的 microSD 卡槽。(图6-11、图6-12)

右:话筒、USB、type-c 接口。

左:电源、网线、输出接口。

图6-11 GoPro 全景相机组装

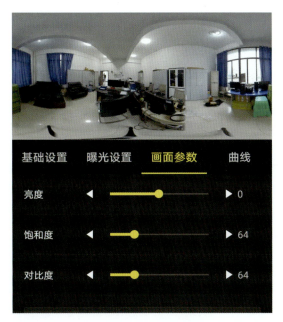

图6-12　GoPro全景相机参赛界面

②将VR全景相机装配到三脚架上并竖起天线。

③用手机连接成功后显示操作界面,根据需要调整相应的参数。通过界面操作可进行实时拍摄和图传。

④GoPro全景相机图传设备连接

使用图传连接的方式来操控监看相机,此方式信号最为稳定,通信距离也最远。(图6-13)

图6-13　图传设备

任务6.2　VR全景图片制作

6.2.1　使用单反数码相机拍摄全景图片

（1）拍摄地点选择

拍好全景照片可以选择一些视野开阔、大气的场景，比如一座山或自己所在的城市、公园、街道。也可以根据项目要求选择拍摄场景，但要确保拥有尽量开阔的视野，镜头前不会被任何东西阻挡。

（2）全景云台架设

先架设好三脚架。全景相机的三脚架跟普通相机或单反相机的三脚架有所区别，但架设原理都是一样的，要求尽可能水平和稳定。

第一步：安装三脚架

①取出三脚架，转动固定旋钮，放出隐藏架身部分（一般释放出两节隐藏架身即可，若全部释放，脚架高度不宜拍摄）。

②观察三脚架水平仪，确保水平仪气泡与中心点及外圈相互包含并且居中。

③取出全景云台并与三脚架安装在一起。安装完成后，确认水平仪是否准确。（图6-14）

图6-14　安装三脚架

第二步：安装全景云台

全景云台应架设在固定好的三脚架上，作用是保证节点和旋转点在垂直方向的同一垂直线上。

①拧动固定螺母，将云台拆开。

②将垂直支柱底部小三角朝云台中心方向安装。

③拧动图中标记的固定螺母，完成组装。（图6-15）

图6-15　安装全景云台

第三步：安装相机至全景云台

①首先将全景云台附带的云台卡扣安装到相机上。

要注意卡扣属于长方体，一定要横向如图安放，并保持平行。

②将相机固定在云台上。（图6-16）

图6-16　安装相机至全景云台

（3）拍摄技巧

①在拍摄前需要确定拍摄地点的灯光情况，周围环境若是明暗曝光反差过大，则需要对拍摄地进行调整，可以视情况补偿曝光或者压低亮处曝光。

②拍摄地面全景最重要的一步就是节点的控制。简而言之就是，把相机装上全景云台后并不是相机中心就是全景节点，一般都在镜头上。很多人拍出来合成后总是有接缝或者断点，就是因为节点没有找对。（图6-17）

图6-17　寻找镜头节点1

　　首先将相机垂直对准云台,打开取景器,LCD屏幕中的辅助线对准云台中心;在镜头前放一支铅笔或其他尖锐纤细的东西,调节脚架高度使笔尖正好与远处建筑边缘处重合并处于画面中央,接下来转动云台使笔尖位于画面的左侧或者右侧,同时观察LCD屏幕内笔尖是否依然和远处建筑边缘重合。(图6-18)

图6-18　寻找镜头节点2

　　若产生错位,就需调整相机快装底座位置,直至远近物体在两侧及中间都能保持位置不变,则说明节点位置被找准,这时记录下云台上的刻度,以后使用就可以快速设置。(图6-19)

正确的节点

错误的节点

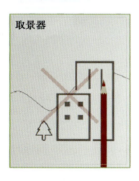

图6-19　寻找镜头节点3

③拍摄时的拍摄张数需要根据相机参数(是否为全画幅相机)和镜头(鱼眼或者广角)来确定,但归根结底是要保证每张照片都会与左右上下有不低于30%的重合度。

全景拍摄的时候,设置相机要遵循一个原则:

在一次全景拍摄的过程中,保持两张相邻拍摄照片的重合部分完全一致,起码要做到尽量一致。(图6-20)

图6-20　全景图片拍摄重合

在拍摄时,天和地的部分往往拍漏掉,因此需要补拍。建议将相机做一个倾角进行环绕拍摄,例如把相机从原来的 90 度垂直设置改变为 95 度。这样一个稍微的倾角,更有助于天空的合拢。但是同时,这样做会让地上的窟窿更大。在补拍地面的时候,我们可以手持拍摄或者用云台对地拍摄,但我们还是需要后期进行修补(图片缝合部分有具体步骤)。(图6-21、图6-22)

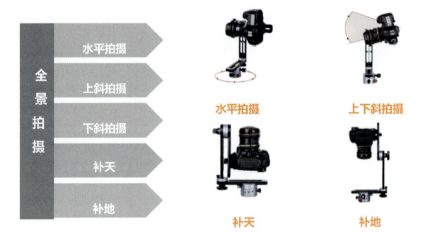

图6-21　全景图片拍摄角度

常用非鱼眼镜头(竖幅)分区捕获参考表									
焦距 (mm)	全画幅视角(度)		行数	列数	拍摄 张数	APS-G视角(度)		行数	列数	拍摄 张数
	垂直	水平				垂直	水平			
12	122	81	2	6	12	81	54	3	9	27
18	100	67	2	7	14	67	45	4	11	44
25	82	55	3	9	27	55	37	5	13	65
35	63	42	4	12	48	42	28	6	17	102
50	47	31	5	16	80	31	20	8	24	192
70	34	23	7	21	147	23	15	11	32	352
190	24	16	10	30	300	16	11	15	43	645
200	12	8	20	59	1180	8	5	30	94	2820

图6-22　分区拍摄捕获参考表

④建议使用HDR(包围补偿曝光)来拍摄,因为在室内时灯光明暗差别会很大,三张补偿曝光组合会更加准确地描绘室内景物。

拍摄时注意事项:

①建议在拍摄中开启镜头防抖功能。有些镜头有防抖设置:佳能的防抖镜头会有"IS"的标识;尼康镜头的防抖标志为"VR"。或者可以利用单反数码相机的"曝光延迟模式"或是"自拍模式",也可以利用快门线,尽量避免因为按快门而导致的相机抖动引起的照片发虚问题。

②关于镜头设置最重要的是千万不要使用镜头的自动对焦功能。关闭所有自动功能。

③拍摄前将镜头的景深调节为无限远处,拍摄的时候全部使用手动对焦,这样做可以保证拍摄的图片具有一致的焦平面,还印证了"保持两张相邻拍摄照片的重合部分完全一致"的原则。

6.2.2　全景图片编辑与缝合

目前比较常用的全景图片编辑软件有PTGui、Pano2VR、PanoramaStudio、720全景助手等,上手容易,功能大同小异。

(1)流程步骤

使用PTGui可以快捷方便地制作出360×180度的"完整球型全景图片"(Full sphericalpanorama),其工作流程有以下几个步骤:

①导入一组拍摄素材图片。按场景导入拍摄素材图片:一个场景的图片导

入制作完成后,再导入第二个场景的素材图片。(图6-23)

图6-23　导入素材图片

②运行简单模式,自动对齐控制点。按照正确流程拍摄的图片一般能通过自动对齐控制点进行对齐,整体拼接效果能完成90%以上,但在某些细节上还需要人工调整。(图6-24)

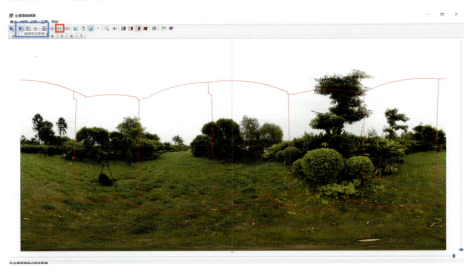

图6-24　自动对齐效果

③运行高级模式,调整自动对齐效果。手动对前面对齐效果进行优化,找到相似像素点进行细节调整对齐,优化画面质量。特别是对天空、地面,以及地砖等线条性强的部分进行弥补。

④生成并播放全景图片文件。全景图片格式可以保存为常见的JPG、RAW等格式。要观看图片的全景效果可以放到PTGui里面自动播放,或是用FSPViewer等其他全景图片播放器进行全景图片播放,普通图片播放器不能播放全景图片。

　　这里使用PTGui Pro对全景图片编辑与缝合进行介绍。具体操作步骤可以参考教学资源。

　　(2)注意事项

　　①拍摄色彩丰富的全景最好挑选有太阳的晴朗天气,这样拍出的照片后期修改内容小。

　　②安全距离如果拼接区域内有物体的话,要考虑物体与镜头的距离要大于安全距离。安全距离一般为1.5米左右。安全距离内的物体,由于不同镜头拍摄视角的差异大,很容易有拼接的瑕疵。

　　③拍摄全景照片时,应注意由于全景照片拍摄范围较大,拍摄者容易穿帮,拍摄时,应躲在相机照不到的地方。

　　④ISO值的设定,ISO即感光度,是相机感光元件对光线敏感程度的表现。数值越高,感光程度越敏感。显然,光线充足的时候尽量用低感光度,这是保障影像质量的做法,感光度开高了影像颗粒感增加,会影响观看体验。

6.2.3　全景图片漫游

　　(1)全景图片漫游简介

　　全景图片漫游是720度的3D图片,每张图片固定在一个位置上,上一节讲到可以用单反数码相机根据需要拍摄前、后、左、右、上、下各个方向的照片,并拼接成一张720度全景图,或者直接通过全景相机拍摄全景图片。这些全景图片素材可以通过交互式导航,在各个场景里进行交互浏览VR全景视觉效果。

　　"720云"平台是一个基于VR全景可视化技术的全景内容创作与分享平台,其制作的720全景图可进行水平与垂直方向的360°自由旋转,给使用者带来高逼真感和延伸感的三维世界体验,是一款集全景图片漫游的制作与发布于一体的全景内容创作与分享平台。

　　(2)全景图片漫游制作步骤

　　进入720云平台进行注册后登录账户。进入"720云管理中心"后在"本地文件添加"中添加全景图片。输入"作品标题""作品分类"后点击"发布作品"即可进入全景图片编辑界面。

　　①设置作品标题、作品分类。

　　②设置全景照片初始位置。添加完全景图片后点击"前往编辑作品"进入编辑界面,点击左方工具栏下"视角"按钮即可自由设置全景漫游之间图片的初始位置。(图6-25)

图6-25 设置全景照片初始位置

③设立交互热点。点击左方工具栏"热点"按钮后,点击右方"添加热点"按钮。完成后点击适合的热点图标,选择对应的热点跳转区域,即可完成一个全景图片热点的设置。同理可完成多个场景间的热点交互。(图6-26)

④保存及发布作品。制作完作品后点击"预览"即可自动保存和观看作品,制作完成后回到左侧工具栏"基础"下可以查看全景作品二维码和链接,可以通过链接和二维码的形式分享到微信、QQ、朋友圈等社交媒体,也可把链接嵌入到网站、App、小程序中展示。链接和二维码可以在功能编辑页面获取。(图6-27)

图6-26 设置全景照片交互热点

图6-27　保存及发布作品

⑤设置其他功能。

"沙盘"功能可以快速指引观看者场景的位置。

"遮罩"功能可分为"天空遮罩"和"地面遮罩",天空遮罩会显示在场景的顶部,地面遮罩会显示在场景的底部,即可以理解为插入其他图片作为全景图片的顶部和底部。

"嵌入"功能可以在全景内直接嵌入图集、文字、序列帧(用来实现小动画,比GIF更高的清晰度)、视频、标尺,直接展示,与图片热点、文字热点不同的是,嵌入的内容不支持交互操作,适合直接在全景内展示,更重内容方面的展示,即"嵌入"功能可以让内容从始至终在全景图片内。

"音乐"功能可分为"背景音乐""语音讲解"。"背景音乐"可选择背景音乐应用的场景,打开漫游将自动播放背景音乐。"语音讲解"可选择语音讲解应用的场景,打开漫游不会自动播放,需要点击播放。

"特效"功能主要有"太阳光":太阳光特效可模拟实际的太阳光效果在全景内进行动态展示,适用于室外场景、晴天情况下。"下雪/下雨":场景中模拟下雪/下雨的效果,可根据需求选择雪/雨量的大小,适用于室外场景、下雪/下雨、雪后情况下。"红包雨/爱心雨/铜钱雨":在场景中添加此类特效,可烘托场景装饰、活动效果,适用于营销类等项目的需求。"顶部滚动文字":在场景顶部添加滚动文字字幕,用于作品简介、场景介绍等直观信息展示,还可为其添加超链接,以及自定义特效可以上传Gif动图作为特效。

"导航"功能主要是结合图片、文字、音频的形式,向观看者按照设定的流程进行内容展示。

(3)全景图片漫游制作注意事项

①全景图片必须要两张及以上才可以进行交互。

②打补丁的最终效果不能预览,会在输出后显示。

③在右边的功能区⚠️只有这个图标消失之后,才可以进行交互。

④输出时的格式最好选择"HTML5",因为"FLASH"必须要安装软件才可以进行观看。

⑤发送作品时,必须将文件夹所有的文件一起发送,不能发单独的一项,否则不能观看。

任务6.3 VR全景视频制作

6.3.1 VR全景视频应用

全景视频拍摄可以把现实中的景物真实、立体地搬上屏幕,让用户360度无死角任意观看,给用户身临其境的感觉,更加形象逼真地展示真实空间。

在传统的视频中,用户始终是以第三视角进行观看的,无法有参与其中的深度交互的参与感,这些手段的弱点就是缺乏互动性,无法让浏览者有参与感。而VR全景则完全改变了这一现状,VR全景可以让用户自由移动视角,放大缩小观察细节等操作,让用户与全景有沉浸式互动。运用VR全景营销推动平面广告向沉浸式广告的转变,可以广泛应用于电子商务,如在线的房地产楼盘展示、虚拟旅游、虚拟教育等领域,同时也可以结合一些多功能营销插件,使产品更形象,更具美学价值,更好地将品牌的故事性与情感传递给消费者,实现品牌与用户之间的深度交互。适应当今网络时代,满足市场的要求,让品牌拥有自己的灵魂。

(1)VR全景+文旅

"人在家中,但戴上VR眼镜后,却仿佛身处法国,巴黎铁塔就在我脚下,我能俯瞰整个城市……"这大概是对VR旅游最简单明了的概括。随着VR技术的兴起和推广,"VR+文旅"为景区的呈现方式、营销服务打开了一扇新的窗口。VR旅游极其便利,无论你身处何地,只要戴上VR眼镜,在手机上下载一个App,就可以360°全方位、随时随地地游览想要去旅游的地方,大大增加了旅游景点的可看性。

①了解当地的特色,比如其民俗文化、风土人情、特色景点、特色美食,做好相关资料的收集。

②实地走访勘察地形,找到既具有当地特色代表性的,又适合全景拍摄需求的区域进行踩点。

③商业类拍摄需要和需求方进行充分的沟通,深入了解对方需求,撰写详细的策划文案。

④制订行程计划,观看拍摄时期天气情况,和演员商量好既定行程和拍摄须知。对主线的剧情要写好通稿。(图6-28、图6-29)

图6-28　VR 全景文旅(重庆安居古镇)

图6-29　VR 全景文旅(山东青州古城)

(2)全景视频+教育

将 VR 引入教学,让学习游戏化、情境化,能激发学生主动学习的兴趣。通过 VR 教育,实现人与机器的交流,通过网络进行人与人之间交流的同时,还能够在某种程度上实现教学的游戏性,让教育真正做到寓教于乐。随着 VR 直播教育的发展,在线教育借助其趋势迎来新的发展机遇。VR 直播让学习者更加真实地感受课堂气氛,让学习者更能融入教学课堂氛围中。云视频服务商保利威视最近隆重推出了针对在线教育的 VR 直播产品,试水 VR 教育直播。全新的体验会带给学习者极大的乐趣,也能开阔其眼界。

在教学实验中,使用 VR 视频能够将实验过程无死角地拍摄记录下来,可用于资料存档或教学的重复使用。这样的教学方式弥补了场地受限、资源匮乏、教育经费不足等限制,更能规避部分学科实验所导致的不可控风险。学生通过直播资料,能够身临其境地了解到实验过程。立体的 720 度无死角观看更能激发学生的学习兴趣,放大缩小 VR 视频能清楚地观摩实验细节。戴上 VR 眼镜犹如亲临现场,视觉感官更震撼。

①拓展学习的多维度。VR 提供的沉浸式场景能让学员感受面对面的现场名师讲堂,学员在 VR 课堂上能够做到自主观察场景里所有的信息载体,同时接收全方位的信息,并伴随讲课的节奏和自己的理解抓住重点信息,还可以与讲师互动,提出自己的问题,找到自己满意的答案。

②激发学习者的学习兴趣。通过 VR 直播的教学过程,比如生物起源的教学,可以让学习者看到现在不可能存在的生物和进化过程,消除了时间与空间造成的认知阻断,而且让人身心愉悦,会对知识结构系统化、传递与接收产生促进作用。因此,如果把传统教育传授知识的方式比作平面图展示,VR 直播教育则是以实时立体图呈现,自然可以有效地帮助学生加深知识印象,增加学习兴趣。

③现状及存在的问题。在 VR 直播所需的技术和硬件方面,目前的 VR 技术仍然处于不断摸索的状态中,并且 VR 的硬件还不够完善。主要问题有:实时拼接技术算法有待改进,素材获取时拍摄方式单一;VR 场景视角定焦难、人与人交流缺乏交互性;编解码、云端的运算分发技术和 CDN(内容分发网络)成本高;宽带水平受限,从而影响画质及在线人数;佩戴上头戴式显示器的舒适度不够,长时间使用会造成使用者严重眩晕感;设备长时间使用导致发热严重等。

(3)VR 全景+地产

近几年,VR 被逐步运用到房地产行业中,"VR+房地产"成为房地产未来发展的一个新趋势、新潮流。以往,地产项目对外宣传的无外乎是效果图、动画、沙盘等静态展示,时间久了,消费者势必会产生视觉疲劳,感觉缺乏新鲜刺激,久而久之,这种传统形式的宣传已经不能再满足购房者的需求了。而VR技术却能很好地弥补这一点。在VR技术支持下的楼盘系统中,购房者可以自由行走、任意观看,带给其难以比拟的真实感和现场感,获得全新用户体验。这极大地帮助开发商达到精准营销效果,实现销售目的,该项技术对房地产行业的价值正在于此。而对于购房者来说,一方面,全新的技术带来的视觉体验冲击,可以极大提升他们的看房体验;另一方面,可以大大降低购房者找房、看房、选房的时间成本。可以说,若VR技术能在房地产行业蔓延开,将助力房地产行业进行一轮新变革,通过VR打开的新大门,看到的将是另一番风景。(图6-30)

图6-30　VR全景+地产

①对于开发商。VR看房对于开发商来说,能够提前给购房者全方位展现还未建造成型的样板房。这种方式不仅节省了建立实体样板房的巨额费用,而且把购房时间提前了很长时间,大大节省了售房的时间。VR全景可以有效地提高购房者的购买率和销售者的出售效率。

②对于销售人员。对于销售人员来说,有了VR看房,再也不用带着客户东奔西走地到样板间看房,售楼工作人员只需要一部平板电脑,就可以720度全方位向客户展示和解说房子的户型与结构,可谓是两全其美。

③对于购房者。VR看房不仅对开发商和销售人员有好处,对购房者来说,也有很大的优势,有了VR看房,购房者除了不用亲自跑去看房之外,还能够在VR看房系统中看到小区以外的一些周边生活环境。VR全景是利用先进的虚拟现实技术打造的,能够真实地展示不同户型和外观布局等,对于周边环境也能很好地展示,给浏览者身临其境的体验感受,这种优质的体验是传统看房无法做到的。

④制作成本低、周期短。以往房产销售制作样板间需要很长的时间并且制作成本偏高,如果出现瑕疵,还需要再次进行调整,而利用VR全景看房则可以很快地完成样板间的搭建,并且可以随时修改,制作VR全景成本低,远远强于传统的样板间展示。

⑤差异化宣传,品牌推广。目前房地产行业中采用VR全景看房的并不多,率先采用VR技术进行销售,能真正做到"人无我有""人有我专"的营销策略,建立品牌优势,展现专业的形象,强化品牌专业度,提升项目美誉度。

(4)VR全景+数字城市

VR数字城市是在VR环境下的一种虚拟城市形态,也是一种连接方式。它是实体场景的线上虚拟还原,航空视角、多维度立体展现,给人身临其境之感。"VR数字城市"的呈现方式有平面方式、地图方式、VR全景方式。未来用VR全景方式来呈现城市形象,让用户有足够多的身临其境的沉浸感,同时运用5G物联网等技术连接城市各种功能,让数字城市真正变成另一个未来世界。(图6-31)

图6-31　VR数字城市

①对生活方式的改变。VR数字城市连接线上线下，使人们足不出户，身临其境般体验购物、美食、娱乐、旅游、酒店预订等场景。消费信息精准预览，所见与所得保持真实的一致性，消费决策更快速而准确，人们因此享受到更加便利、安全和健康的品质生活。

②对实体产业的影响。VR数字城市能够将实体商业的竞争力还原到线上，凸显出品质商家的实力和优越性，帮助商家有效避免恶性竞争，集中精力为消费者提供更优质的产品与体验。在VR数字城市平台，实体商业可以将场景式、沉浸感做到极致，实现差异化，无限拉近与全球各地消费者的距离，提升收益，把握未来。

③对经济秩序的重构。在VR数字城市里，实体经济与虚拟经济重新站在同一个更为公平、透明的平台竞争，虚实经济一体化，有助于优胜劣汰，使资本、人力、资源自觉流向优质产业，减少社会浪费，打造公平和可持续发展的城市经济体。

6.3.2　VR全景视频拍摄

（1）全景视频拍摄特点

传统视频以单台摄影机和单反数码相机的单镜头为主，全景视频以多台摄影机组成阵列，由多个镜头组合而成。传统视频拍摄是一个实时录制输出的过程，现场可以进行控制和监看；VR全景视频拍摄只能演员在现场，由于无死角的视角拍摄，剧组工作人员不能在现场，不然就很容易穿帮。除此以外，全景视频拍摄在视觉感受、拍摄技巧、视听语言等方面与传统视频拍摄也有很多异同点。随着全景拍摄技术的不断进步和完善，全景视频甚至全景剧情类电影也会继续探索适合全景视频的视听语言和拍摄技巧。

①VR全景视角与感受。视点是电影视听语言里的术语，就是我们在观看影片的过程中，从谁的角度来展示这个故事。是从导演的视角，还是从剧中人物，或者是观众的角度来观看。简而言之，就是摄影机模拟的视角。传统视频更多运用的是客观视角，受到画面(4:3、16:9)的限制，是被动地接收信息。通过客观存在的视角去传递信息，有时运用主观镜头，让观众更有代入感。通过剪辑、特效等达到让观众间接感受到主观视角的冲击力或制造悬念感。

VR全景视频是主观视角让人产生沉浸感，而且是主动地去寻找信息。VR全景视频的观看特点是不受拍摄视角的限制，由用户本身在体验式自行决定视角的高低方向，可以360度全景任意选择视角。因此，VR全景视频视角本身就自带主观性。

②焦距运用不同。传统焦距对画面影响：广角镜头能够"夸大透视关系"，它

使物体与物体之间的距离比我们眼睛看上去要大,使空间延展,物体的视觉比例关系也被夸大,而长焦镜头则相反,它使空间被压缩,使前后物体的比例对比减弱。这里有一点需要了解,在画面景物中没有前景、中景作为参照的情况下,改变焦距,不改变拍摄位置,一般不能改变透视关系。

全景视频画面都是广角镜头拍摄,遵循传统广角焦距的视觉原理,但没有长焦效果。直接表现为:没有小景深效果,镜头景别变化只能靠摄距来达成。

③蒙太奇思维。蒙太奇对画面的影响:"蒙太奇是电影艺术的基础","没有蒙太奇,就没有了电影",当把不同镜头拼接在一起时,往往会产生各个镜头单独存在时所不具有的特定含义。这是电影的特殊思维方式——蒙太奇思维方式。

全景视频画面大部分都是长镜头互动式叙事,而并非通过蒙太奇剪辑达成叙事的时空效果。全景拍摄主要通过演员或拍摄主体的调度和机位的调度来引导观众视线。

④基本构图原理和透视原理基本一致。线条是表现透视关系最直接的方法,线条向远方汇聚,可以吸引我们的目光由近及远,而线条越来越窄又可以表现出近大远小的视觉效果。另外,平面构成、色彩构成等基本原理仍然遵循传统构图原理。

(2)全景视频拍摄空间营造的要点

①首视角。镜头进入某个特定空间后的第一个画面视角。由这个视角开始,用户可以使用 VR 眼镜等设备在这个特定场景中采用 720 度全景视角观看视频。首视角很重要,它是进入特定空间后观众第一感知视角。虽然后面用户可以任意转动观看设备自主选择观看视角,但首视角仍然非常重要。我们可以从两个方面去重视首视角的作用。

第一,首视角的选景和构图。

第二,首视角对全景转场的作用。

②主视角。全景摄影机机位拍摄的角度就决定了观看者的主视角。观众会认为这个主视角就是自己的"真实"视角,想要改变这个视角就会让身体某些部位运动起来,不然就一直保持这个主视角。就跟平时走路、跑步或者乘坐交通工具一样,只要不转头或者转动身体,这个视角一直都是平视前方的。转动视角总会事出有因,也许是由于声音的吸引,或者画面引导到另一个方向,又或者通过触觉味觉等的感知刺激,用户才会转移当前视角,主动改变观看视角。在没有外界刺激影响下,用户会本能地尽量保持主视角,沿着自我逻辑营造 VR 全景的假定性空间判断,不会随意打破首次视角带来的空间认知的平衡感和逻辑感。即

便某个时间被带入到其他视角,也会在心理上不自觉地找回到首视角所提供的空间逻辑。

③运动视角。运动镜头给全景影片带来新的空间和自由,由于不能进行频繁的镜头分切,运动视角调度的时机和目的是全景影片成功的关键之一。例如,摇镜头或移动镜头可以在动作结尾时揭示出一种预料中的或意外的情况。镜头从一个兴趣中心转移到另一个中心,它的动作可以分三段,开始摄影机是静止的,中间是运动部分,最后摄影机重新停下来。跟着一个做重复性动作的对象移动或大范围地摇摄,其长度不限,可以根据剪辑的需要而定。面上的运动方向也要保持不变。推拉镜头经常用来在整个镜头拍摄过程中保持固定的画面构图。运动常常是假定性的。镜头的运动任何时候都必须有正当的理由。

④多视点。在全景视频的影片中,三维空间里的任意角度都有可能制造视点,拍摄角度在电影摄影作品中举足轻重,影响着画面的美感,是塑造人物、表现人物与环境关系、表达画面情绪、完成叙述功能、体现视点等的关键因素,而常用的拍摄角度有仰拍、俯拍、平拍、正面、侧面、背面、荷兰角等。

(3)全景视频拍摄

①设备准备。拍摄适用于 VR 设备的全景视频,需要拍摄设备 720 度全方位拍摄,选择一款合适的拍摄工具是全景视频制作的首要条件。目前流行的拍摄装备有两种,一种是多机组合拍摄。这种方式机器操作复杂,后期工作相当繁琐。另一种则是直接使用 VR 全景相机,目前市面上推出了多款全景相机,高端的专业型全景相机有诺基亚 OZO、Jaunt One、红龙等,它们的特点是画质高、稳定性好,但价格昂贵;主流的民用型全景相机有 Gear360、Insta360 Nano、Richoh Theta S 等,价格基本在千元人民币内,操作简单,轻巧便携。

拍摄视频时必须要准备好上述的各种拍摄器材,还要准备好拍摄的脚本,以及确立好拍摄人员,不能在拍摄现场才构思如何拍摄。

②拍摄。以拍摄景点为例,首先我们要了解景点的特色区域,比如景区核心位置、标志性建筑、高角度拍摄位置等,进行踩点。我们都会对其进行考察和了解,查询相关的类似视频进行大概的了解,然后制订行程计划观看拍摄时期的天气情况,和演员商量好既定行程和拍摄须知,对主线的剧情要写好通稿。其一,让演员知道自己的既定行程,知道自己将要做什么,在拍摄之前熟悉自己的台词。其二,知道需要的大致内容、拍摄区域,以至于拍摄时,不会手忙脚乱。其三,对镜头与镜头之间的切换和各个部分之间的转场有一个统一的考虑,不然后期编辑的时候无从下手,拍摄足够多的画面素材,有助于在后期剪辑时一些无法

衔接的镜头也可以用空镜头进行衔接。题材和结构确定了,拍摄的模式确定了,拍摄的对象也确定了,接下来就是去当地实地踩点,对当地的风土人情进行实地考察。例如联系一下特色食品的老板请他来做客串演员,看一下我们介绍的地方到底是不是如网络上那样的地方,这都在我们的考虑之中。因为我们为的是给大家一个最好的场景,所以我们必须要在一个好的天气,这样才能呈现最美的环境。并且,拍摄的时候,我们的演员本身就是同学,可能在专业程度上并不是很好,导致他要很久的时间来进入状态,我们不能让他就呆呆地站在那里,还要对他的走位进行布置。全景相机镜头极大的广角,导致动一点位置都会显得十分遥远,所以调整位置时,更加需要让演员注意走位。

(4)全景视频拍摄注意事项

①做好前期准备,这样拍摄时才不至于手忙脚乱,无从下手。

②全景相机拍摄范围广,拍摄人员很容易穿帮,所以拍摄时,除演员外的无关人员尽量找好可以躲避的位置。

③由于全景相机需要和手机连接,而手机的 Wi-Fi 范围较小,可以在拍摄时将手机放在相机旁,后期用其他方法进行修正。

④相机拍摄时耗电量大,拍摄时需准备多块电池,以防拍摄中途相机没有电量导致拍摄事故。

⑤拍摄时,最好佩戴收音设备,全景相机体积较小,收音效果并不好。

6.3.3 VR 全景视频编辑

目前全景拍摄设备一般都有自带的编辑软件或者插件。以 360 全景相机为例,Insta360 Studio 全景视频编辑就是 360 全景相机设备专用的一款编辑软件。我们可以直接用这款软件进行全景视频编辑。设备商业提供 Adobe Premiere 匹配的全景插件,通过安装插件到专业编辑软件中进行编辑。

下面用 Insta360 Studio 插件安装编辑"安居古镇"全景视频为例,介绍全景视频基本编辑步骤:

①安装插件。在设备官网上找到对应机型,例如:Insta360 影石 ONE R,点击下方"相关软件下载",找到 Insta360 Studio 2021 对应计算机系统相关软件,点击下载,划到下方点击"GoPro FX Reframe Plugin"插件,找到对应计算机系统相关软件,点击下载。双击运行后,选择安装地址,系统会默认安装 Premiere 插件。或者手动勾选安装 Adobe Premiere 插件,如图6-32所示。

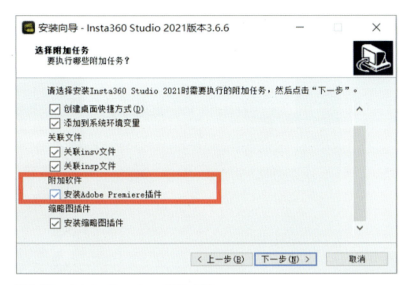

图6-32　Adobe Premiere 插件安装

②导入素材。5.7k 的全景视频会有 RLV、VID 两个文件,拖入任意格式文件导入 Premiere 中,Premiere 将自动关联另一个格式素材,如图6-33所示。

③VR 属性设置。在"序列"选项卡下点击"序列设置",在对话框下找到"VR 属性",点击"球面投影",确定即可 360 度全景预览视频,如图6-34所示。

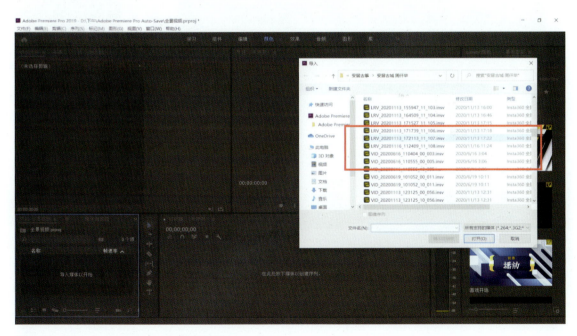

图6-33　Adobe Premiere 全景素材插入

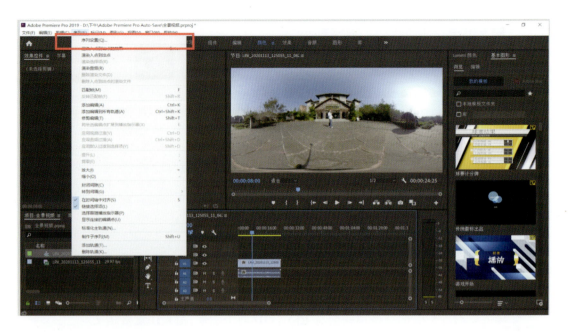

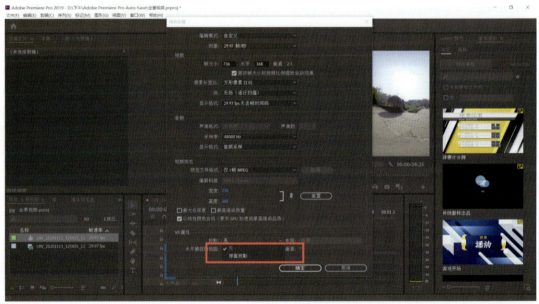

图6-34　VR 属性设置

　　④【VR 显示】点击"切换 VR 视频显示"，将图标拖动至下方空白处，如图6-35所示。

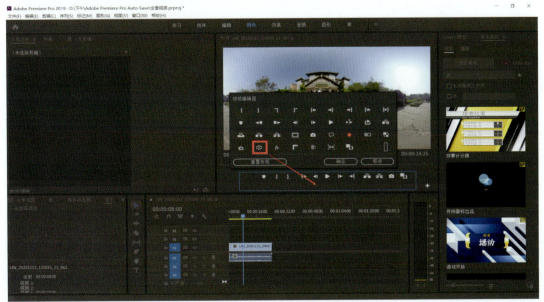

图6-35　全景素材剪辑设置(1-2)

⑤【VR 显示】拖动视频,或者拖动下方"监视器视图" 即可改变全景视频位置。

下一步就可以对全景视频进行任何操作,如图6-36所示。

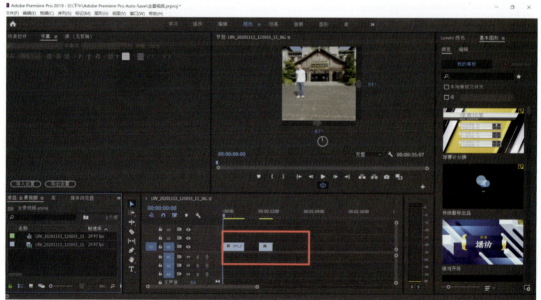

图6-36　全景素材剪辑设置(3-4)

⑥【字幕设置】在左下角的项目框,右键空白处。"新建项目"—"字幕",在"字幕"选项卡下,选择"开放式字幕",在"视频设置"设置视频对应的序列参数,即可设置字幕属性,如图6-37所示。

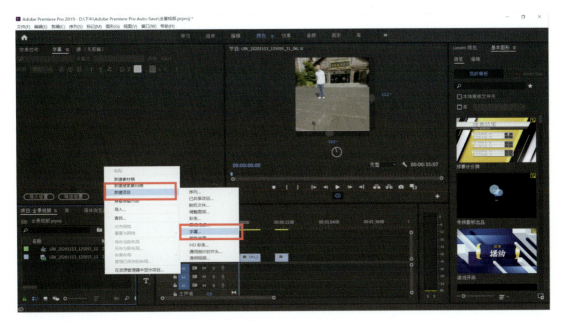

（a）

（b）

（c）

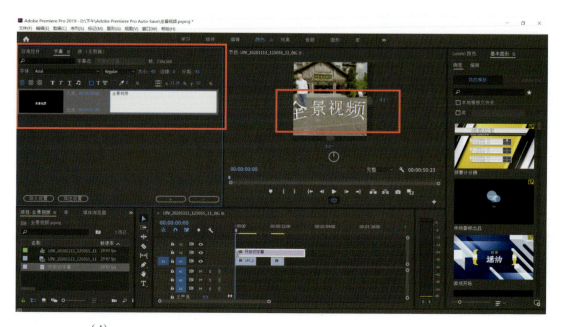

（d）

图6-37 全景素材字幕设置（1-4）

【全景相视频编辑注意事项】

①下载软件时，需找好对应机型和对应系统下载插件。

②安装 Insta360 Studio2021 时，必须勾选安装 Premiere 插件才可以导入".insv"后级的素材。

③导入素材 5.7K 素材时，可以只选择一段素材，Premiere 会自动关联另一段素材。

④必须在"序列"选项卡下点击"序列设置"，在对话框下找到"VR 属性"，点击"球面投影"，确定之后才可以查看 VR 视频。

⑤添加字幕时，字幕必须选择"开放式字幕"才可以在视频内显示。

课后拓展

全景视频在体育赛事报道中的应用历程

BBC（英国广播公司）推出了第一个全景视频服务。2016 年，里约奥运会期间，BBC 推出了首个全景视频试验服务，即 BBC Sport 全景，为英国观众提供了既可以直播也可点播的全景视频。在里约奥运会期间，应用全景视频这一拍摄方式的有开幕式、闭幕式、田径比赛以及拳击比赛。根据 BBC 报道，观众可以通过 BBC Sport 360°仔细观察奥运会运动员的动作，并且以全新的角度观看体育赛事。BBC Sport 360°是 BBC 涉足 VR 领域的重要一步。

Facebook 开通了全景视频直播的功能。在 2017 年，Facebook 开通了全景视频直播的功能，它的用户能够进行全景直播。Facebook live 360 的推出融合了 Facebook 的视频直播与 VR 技术。实际上，相比 Twitter 来说，Facebook 其实是全景视频直播领域的后来者。Twitter 在 2015 年花 1 亿美元收购了美国元老级直播软件 Periscop，Periscop 可以观看世界各地用户实时的视频广播，并且可以通过世界地图去搜索正在进行直播的人。

韩国平昌冬奥会采用了 VR 全景技术直播体育赛事。2018 年，韩国平昌冬奥会期间，全景视频直播技术和 VR 技术为观众提供了全新的比赛观看模式，全景视频可以播放和回放平昌冬奥会运动员某一个特定的动作，手机用户和 PC 客户端的观众也可以自主选择观看的视角。欧洲体育台对平昌冬奥会的体育比赛赛事进行了 VR 全景直播，NBC（美国全国广播公司）奥运频道则提供了几十个小时的 VR 全景视频直播服务，并提供流媒体直播过的全部赛事的 VR 回放视频。美国滑雪滑板协会还利用 VR 技术和全景视频来帮助运动员进行赛前准备，包括赛前场地检查、熟悉场地路线等。

CCTV 4K 超高清频道进行全景视频制作和播出。2018 年,我国第一个上星超高清频道 CCTV 4K 频道正式开播,CCTV 4K 超高清频道直播的第一个体育赛事就是"四大超级赛事"之一的中国网球公开赛。CCTV 4K 频道对中国网球公开赛体育比赛进行了全景视频制作,通过现场几十个机位多台设备的联机制作,从不同方位、全角度进行视频收录、播出,通过全景慢动作回放运动员某个特定的动作,展现了网球和科技的双重魅力,给观众带来了颠覆性的视觉享受。全景视频直播中国网球公开赛,意味着我们经历了竞技体育的又一次技术革新。

总结练习

VR 全景影像技术是把数码相机环 360 度拍摄的一组或多组照片,再利用后期制作拼接成一种全视角的数字图像,能够更加全面地实现虚拟场景的再现,带给人们一种身临其境的真实感,这是一种表现力更强的数字影像技术。全景视频制作按照视频拍摄、图像拼接、生成场景、视频合成完成制作。全景影像不但有最接近的真实感,更拥有超强的立体感和互动性,相比传统的照片、视频、三维模型的展示具有身临其境的真实效果。

知识练习

1.运用单反数码相机拍摄全景图片时需要拍摄多张照片进行拼接,镜头视角越(大/小),所需拍摄的照片数量越(多/少)。为了减少拍摄照片的数量,我们可以选择(长焦镜头/标准镜头/广角镜头)。

2.为了使全景画面拍摄不容易产生畸变,一般选择的安全距离为(   )米左右。

3.全景视频拍摄时,空间营造的要点有哪些? 请举例说明。

技能练习

1.利用单反数码相机拍摄 1~3 个场景的全景图片素材,并用 PTGui(可以选择其他软件)全景拼接软件进行全景图片拼接。

2.策划一个全景短视频,利用全景相机拍摄全景视频,并添加字幕。

参考文献
REFERENCES

[1] 陶丹,张浩达.新媒介与网络广告[M].北京:科学出版社,2001.

[2] 林刚.全媒体环境下报业复兴的路径探析[J].新闻世界,2010(10):57-59.

[3] 王庚年.关于全媒体的认识与探索[J].中国广播电视学刊,2012(11):8-11,20.

[4] 李静修.全媒体视野下的受众审美心理研究[D].吉林:吉林大学,2013.

[5] 陈少华.网络媒体的有效引导与管理[J].新闻前哨,2007(Z1):90-91.

[6] 匡文波.新媒体概论[M].3版.北京:中国人民大学出版社,2019.

[7] 郑文锋.全媒体传播时代新闻策划理念变迁与创新路径[J].传播与版权,2024(10):1-4.

[8] 韩云.融合新闻策划的界定、功能与过程[J].青年记者,2021(23):56-58.

[9] 王晶."一次采集,多种生成,多元分发"实践路径:以湖北日报全媒体报道为例[J].新闻前哨,2022(18):12-13.

[10] 杨保军.论新闻的价值根源、构成序列和实现条件[J].新闻记者,2020(3):3-10.

[11] 彭剑,江浩.价值、解释与操作:数字时代新闻理论的三个命题[J].传媒观察,2022(12):15-24.